Relax!

Dr. Jessica Lütge

Entspannt Lehrer sein

Verlag an der Ruhr

Impressum

Titel	Relax! Entspannt Lehrer sein
Autorin	Dr. Jessica Lütge
Titelbildmotiv	© pixel.pusher/photocase.com
Fotos	siehe Bildnachweise Seite 117
Druck	B.o.s.s Druck und Medien GmbH, Goch
Verlag	Verlag an der Ruhr Alexanderstraße 54 – 45472 Mülheim an der Ruhr Postfach 10 22 51 – 45422 Mülheim an der Ruhr Tel.: 02 08/439 54 50 – Fax: 02 08/439 54 239 E-Mail: info@verlagruhr.de www.verlagruhr.de

© Verlag an der Ruhr 2009
ISBN 978-3-8346-0544-3

Gedruckt auf chlorfrei gebleichtes Papier.

Die Schreibweise der Texte folgt der neuesten Fassung der Rechtschreibregeln – gültig seit August 2006.

Wir sind seit 2008 ein ÖKOPROFIT®-Betrieb und setzen uns damit aktiv für den Umweltschutz ein. Das ÖKOPROFIT®-Projekt unterstützt Betriebe dabei, die Umwelt durch nachhaltiges Wirtschaften zu entlasten.

Das Werk und seine Teile sind urheberrechtlich geschützt. Jede Verwendung in anderen als den gesetzlich zugelassenen Fällen bedarf der vorherigen schriftlichen Einwilligung des Verlages. Die im Werk vorhandenen Kopiervorlagen dürfen für den eigenen Unterrichtsgebrauch in der jeweils benötigten Anzahl vervielfältigt werden.
Der Verlag untersagt ausdrücklich das Speichern und Zurverfügungstellen dieses Buches oder einzelner Teile davon im Intranet (das gilt auch für Intranets von Schulen), Internet oder sonstigen elektronischen Medien. Kein Verleih.

Inhalt

Vorwort 5

1. Fit für die Schule — auch für Morgenmuffel

Genussvoll und mit Power starten 10
Hallo-wach-Rituale 11
Der Freund im Spiegel 12
Verwöhn-Dusche 12
Vitaminreich und genussvoll frühstücken 13
Farblich gut drauf 15
Authentisch sein 16
Die Kunst der Muße 16

2. Sie sind gut! Vertrauen Sie sich selbst!

Wenn Zweifel aufkommen 18
So arbeiten Sie nach dem 80/20-Prinzip 20
Stellen Sie Ihre Schüler auf den Kopf! 22
Stärken Sie Ihre Stärken! 25
Ihr persönliches Erfolgstagebuch 30
Freundliche Gedanken 31
Ich will! 32

3. Wellness im Klassenraum

Wellness im Klassenraum? 34
Mut zur Lieblingsmusik 35
Mini-Fitness im Unterricht 35
Richtig sitzen 37
Auf den Tischen Sonnenschein 37
Mehr Grün im Unterricht 38
Dekorieren nach Mottos 39
Freude mit der Glückspost 40
Der „besondere" Tisch 40
Auszeit im Zen-Garten 41
Routine beruhigt 42
Üben Sie Achtsamkeit! 42
Hand in Hand mit den Eltern 43
Ein Platz für Geschenke 43
Ein kleiner Rückzugsort: Der Lehrertisch 44
Der fröhliche Freitag 44

4. PAUSE!

Wirklich Pause? 46
Ein echter Ruheraum 47
Trinken nicht vergessen! 48
Kleine Refresher 48
Fitness-Food für zwischendurch 49
Blitzschnell fit mit Mudras 51
Die Pausenaufsicht 52
Mini-Gymnastik 54

5. Wellness im Lehrerzimmer

Wellness im Lehrerzimmer? 56
Pflanzen zaubern Atmosphäre 56
Ein Kräutergarten – nicht nur für die Küche 57
Sie dürfen! 58
Kunterbunte Saftbar 58
Knabbern Sie sich durch! 58
Lehrerbücherei – schnell und effektiv 59
Elterngespräche – kurz und knapp 60

Inhalt

Gib-und-nimm-Kartei 62
Unterrichtsvorbereitung: Basics 63
Unterrichtsvorbereitung: Kompakt 64
So strukturieren Sie langweilige Konferenzen 66
Die Rolle-rückwärts-Technik 68
Die Disney-Technik 69
Alternative Konferenz-Orte 70
Gemeinsam kochen und essen 70
Jeder ist ein Coach 71
Kostenloser Materialfundus 73
Gemeinsame Regeln 73
Mentoring schafft Vertrauen 74
Blitzschnelle Fortbildungen 74

6. Das hilft schnell! – Bei Stress, Kopfweh und Co.

Entspannung in Sekunden 77
Stressabbau kompakt 78
Stressbild 79
Gedanken beruhigen 79
Man muss nicht immer fröhlich sein! 80
Gesunder Energydrink 81
Kopfweh, ade! 81
Erste Hilfe bei Erkältung 82

7. Ciao, Schule, ciao!

Endlich Schulschluss! 84
In Rekordzeit den Schreibtisch entrümpeln 84
What's to do? 88

Der individuelle Wochenplan 89
Ihre ganz persönlichen Ciao-Schule-Rituale 90
An neuen Orten besser arbeiten 92
Schnell und effektiv arbeiten mit Power-Strategien 92
Zeit für mich! 94
Die geheimnisvolle Schatztruhe 96
Wellness, die Sie von Ihren Schülern lernen können 97
Übungen zum Abwerfen von Ballast 98
Mit Fantasie in den Urlaub 100
Zum Schluss: Feiern Sie Ihre Erfolge! 102

8. Das 14-Tage-Wohlfühlprogramm

Tag 1 – Montag 105
Tag 2 – Dienstag 106
Tag 3 – Mittwoch 107
Tag 4 – Donnerstag 108
Tag 5 – Freitag 109
Tag 6/7 – Samstag/Sonntag 110
Tag 8 – Montag 111
Tag 9 – Dienstag 112
Tag 10 – Mittwoch 113
Tag 11 – Donnerstag 114
Tag 12 – Freitag 115
Tag 13/14 – Samstag/Sonntag 116

Bildnachweise 117
Literaturtipps 118
Internettipps 119
Über die Autorin 119

Vorwort

Lehrer sein – kaum ein anderer Beruf ruft so vielseitige Emotionen hervor. Die Schule und das Schulsystem werden zunehmend kritisiert. Die Anforderungen, vor allem fachlicher und erzieherischer Art, steigen, während die gesellschaftliche Anerkennung eher abnimmt. Sie als Lehrer müssen unterschiedlichsten Ansprüchen gerecht werden und haben ein hohes Anspruchsdenken sich selbst gegenüber. Das sind natürlich Stressauslöser, mit denen Sie erst einmal zurechtkommen müssen. Oft sind es aber gar nicht die großen Probleme, sondern vielmehr die kleinen Alltags-Stolpersteine, der ständige Lärmpegel im Unterricht, die zermürbende erzieherische Tätigkeit, die vielen Konferenzen, die mangelnde Wertschätzung, nicht abschalten können nach der Arbeit.

Hier will dieses Buch ansetzen, damit Sie sich wieder wohlfühlen in Ihrem Traumberuf – denn schöne Dinge gibt es im Lehrerberuf genug. Sie müssen sie nur bewusst wiederentdecken.

Wie empfinden Lehrer eigentlich ihren Beruf?
In zahlreichen Studien wird einerseits auf die Glück bringenden Aspekte hingewiesen, wie etwa die Entwicklungsarbeit mit jungen Menschen. Dies schätzen die meisten Lehrer sehr, und es macht ja auch schließlich den Großteil des Berufes aus. Viele Lehrer nehmen auch eine gewisse Autonomie wahr. Natürlich müssen sie sich an Richtlinien und Lehrplänen orientieren, aber die Gestaltung der Stunden bleibt ihnen doch weitgehend selbst überlassen. Zusätzlich empfinden viele Lehrer Glücksgefühle, weil sie den Kindern und Jugendlichen wichtige Werte und Einstellungen vermitteln können, die sie teilweise in ihren Elternhäusern kaum noch erfahren.

Was macht sie so glücklich?

In diesem Buch machen wir uns auf die Suche nach dem Geheimnis eines ausgeglichenen Lehrer-Daseins ...

Auf der anderen Seite gibt es aber auch viele Belastungssituationen, in denen man sich oft alleine gelassen fühlt. So ist an den meisten Schulen die Klassenstärke viel zu groß. Es herrscht oft ein hoher Lärmpegel. Viele Schüler sind sozial auffällig, sodass weit mehr erzieherische Tätigkeit notwendig ist als eigentlich vorgesehen.

Welcher Lehrer hat nicht schon einmal den Eindruck, „gegen Windmühlen zu kämpfen"? Ständig kommen neue Aufgaben hinzu, die irgendwie noch nebenbei bewältigt werden müssen.

Hier kommen einige Lehrer selbst zu Wort:

Ingrid, 53 Jahre, Gymnasiallehrerin

An meinem Beruf schätze ich vor allem die Arbeit in der Oberstufe. Hier kann ich mit den Schülern diskutieren und eher beratend tätig sein. Andererseits sitze ich manchmal stundenlang, um Klausuren zu korrigieren. Wenn dann noch Konferenzen und Dienstbesprechungen hinzukommen, wird es schon sehr anstrengend.

Katharina, 32 Jahre, Grundschullehrerin

Ich finde an meiner Arbeit gut, dass ich wirklich noch Grundlagen vermitteln kann. Das fängt schon beim so genannten „Lernen lernen" an. Manchmal habe ich in der Klasse eine richtige Mutterrolle. Der Unterricht ist ziemlich praktisch ausgerichtet, da wir viel basteln, singen oder draußen arbeiten. Stressig finde ich, dass man nie wirklich eine kurze Erholungszeit hat. Man muss jede Minute präsent sein. Auch die Elternarbeit strengt an, denn viele rufen noch spätabends an und haben Fragen zum Unterricht. Auf der einen Seite empfinde ich das als zu viel Engagement, auf der anderen Seite dauert es manchmal Wochen, bis alle überhaupt ihre Schulbücher haben.

In diesen Momenten weiß sie, warum sie Lehrerin geworden ist.

Rüdiger, 56 Jahre, Hauptschullehrer

Da ich vorher bereits eine Lehre abgeschlossen hatte, kommt dies bei den Jugendlichen gut an. Das Unterrichten macht mir Spaß. Ich kann mich zwar gut durchsetzen, habe aber trotzdem mit vielen Disziplinschwierigkeiten zu kämpfen. Teilweise sind die Jugendlichen sogar gewalttätig. Hier würde ich mir mehr Maßnahmen von unserem Schulleiter wünschen. Teilweise zähle auch ich schon mal die Tage bis zu den Ferien.

Jan, 44 Jahre, Realschullehrer

Wir haben ein mittelgroßes Kollegium. Leider wurschtelt jeder so für sich alleine herum. Es gibt nur wenige Absprachen zwischen Klassen- und Fachlehrern. Das merken auch die Schüler und versuchen oft, Lehrer gegeneinander auszuspielen. Hier müssten wir wirklich besser zusammenarbeiten. Ich würde mir z.B. eine Coaching-Gruppe wünschen.

Bärbel, 48 Jahre, Gesamtschullehrerin

Da ich an einer Ganztagsschule unterrichte, habe ich auf der einen Seite den Vorteil, dass ich viele Schüler besser kenne. So biete ich nachmittags zwei AGs an, zu denen die Schüler dann auch gerne und sehr motiviert kommen. Auf der anderen Seite bleibt mir wenig Zeit für mich. Wenn ich nach Hause komme, muss ich mich wirklich erst mal hinlegen. Mir fehlen zunehmend meine eigenen Hobbys.

Stefan, 28 Jahre, Sonderschullehrer

Ich habe für mich den richtigen Beruf gefunden. Das Referendariat war total anstrengend. Ich habe oftmals nicht verstanden, warum die Ausbilder dermaßen kritisch waren. Ich habe zwar ganz gute Zensuren bekommen, aber ein richtiges Lob war selten dabei. Manchmal fehlt mir auch in der Schule die Wertschätzung untereinander. Ich denke, dass jedem die Arbeit Freude macht, aber ein positives Feedback bekommt man selten.

Marianne, 39 Jahre, Berufsschullehrerin

Als Quereinsteigerin erlebe ich den Beruf als sehr vielseitig. Einige Kollegen haben aber auch mit Desinteresse und Ziellosigkeit der Schüler zu kämpfen.

Das hätte ich mir so nicht vorgestellt, da ja die meisten Schüler zumindest dem Alter nach schon erwachsen sind. Viele sehen aber die Notwendigkeit für einen Beruf noch gar nicht. Meine Unterrichtszeit geht oft bis in den Nachmittag hinein. Da wir eine große Schule sind, gibt es dementsprechend auch viele Besprechungen bzw. Steuergruppen. Und die ziehen sich oftmals sehr in die Länge. Das könnte auch anders gehen.

Tobias, 34 Jahre, Förderschullehrer

Wir haben zum Glück kleine Klassen, aber die haben es oft in sich. Man ist wirklich rundum beschäftigt und muss nebenbei noch viel Arbeit mit den Eltern leisten. Ich denke zu Hause häufig lange über den Unterrichtstag nach. Ich würde gerne besser abschalten können, weiß aber manchmal nicht so recht, wie.

Dies ist natürlich nur eine kleine und subjektive Auswahl von Lehrermeinungen. Vielleicht haben Sie auch ganz andere Erfahrungen gemacht. Jeder übt den Lehrerberuf im Grunde gerne aus. Gehen Sie doch einmal mit diesem Buch auf Entdeckungsreise:

Sie erfahren – mal augenzwinkernd, mal persönlich, aber immer unverkrampft – viele Tipps und kleine Tricks, wie Sie sich das Leben vor, während und nach der Schule schöner machen können.

Haben Sie gewusst, dass Sie schon die Unterrichtszeit für ein Mini-Fitness-Programm ausnutzen können? Wie Sie störende Schüler an den „besonderen Tisch" komplimentieren? Wie Sie langweilige Konferenzen effektiv strukturieren? Wie Sie sich im Lehrerzimmer wohler fühlen und sich in den Pausen wirklich erfrischen?

Werden Sie wieder gemeinsam stark im Kollegium, und nutzen Sie die Zeit nach dem Unterricht einmal wirklich für sich selbst. Planungs- und Strukturierungshilfen finden Sie in diesem Buch.

Zum Abschluss erhalten Sie einen Zwei-Wochen-Plan, der leicht und effektiv umzusetzen ist. Manchmal sind es nur kleine Veränderungen, die aber Großes bewirken können. Probieren Sie es aus, und experimentieren Sie.

Ich wünsche Ihnen viel Spaß dabei und jederzeit Freude und Erfolg im Lehrerberuf. Relax!

Jessica Lütge

Fit für die Schule
— auch für Morgenmuffel

Genussvoll und mit Power starten

Ein warmer, sonniger Morgen. Die Vögel zwitschern. Der Duft süßer Blumen weht durch das leicht geöffnete Fenster herein, während Sie sich gemütlich in die seidige Bettwäsche kuscheln. Herrlich! So könnte ein Morgen anfangen – wenn nur das Aufstehen nicht wäre …

Isabel ist eher eine Nachteule. Sie arbeitet lieber bis spätabends und geht auch ziemlich spät ins Bett. Sie ist einfach abends topfit. Nur schade, dass der Unterricht an ihrer Schule schon um 7.30 Uhr beginnt und sie auch noch 25 Minuten mit dem Auto fahren muss. Das heißt also: Aufstehen um 6.00 Uhr. Für Isabel mitten in der Nacht. Vor allem im Winter. Doch auch Anna, die eher früher aus den Federn kommt, ist nicht gerade begeistert. Irgendwie ist es immer hektisch. Schnell duschen, einen Kaffee, Toastbrot mit Honig und etwas Saft aus der Packung. Dazu kurz die Nachrichten im Radio hören. Schon geht es los.

In diesem Kapitel erfahren Sie, wie Sie das morgendliche Aufstehen genießen und sogar richtig zelebrieren können. Mit ein paar Tipps macht es nämlich richtig Spaß. Sie zweifeln noch? Probieren Sie es einfach aus!

„Na, wie war dein Tag?"

„Oh, fantastisch – doch dann musste ich aufstehen!"

Hallo-wach-Rituale

Spätestens ab der ersten Schulstunde werden Sie mit Ihrer Klasse verschiedenste Rituale durchführen. Sei es ein Guten-Morgen-Lied, der Erzählkreis, eine Hausaufgabenkontrolle, Kalender und Tagesablauf besprechen ...
Rituale sollen einerseits für Schüler und Lehrer Struktur und Sicherheit bringen, andererseits aber auch für alle zum Wohlfühlen beitragen.

Warum starten Sie nicht schon mit bewussten morgendlichen „Hallo-wach-Ritualen" bei sich zu Hause? Erfinden Sie doch Ihr ganz persönliches Ritual, das Ihnen Schwung und gute Laune für den Tag schenkt.
Je nach Geschmack und Zeit darf es ganz kurz oder auch etwas länger sein. Hier finden Sie Gute-Laune-Tipps, aus denen Sie Ihr ganz persönliches Ritual zusammenstellen können:

- **Gönnen Sie sich einen Wecker mit einer besonders schönen Klingelmelodie. Manche lassen sich auch mit eigenen Musikstücken oder Vogelzwitschern programmieren. So werden Sie mit Sicherheit von Ihren Lieblingstönen geweckt. Da macht das Aufstehen doppelt Spaß!**

- **Räkeln Sie sich einmal wieder ausgiebig. Leider vergisst man das immer öfter. Sie können sich hier einiges von den Katzen abschauen, die sich erst genüsslich recken und strecken bis in die Pfotenspitzen, dann ihren berühmten Katzenbuckel machen, herzhaft gähnen und nun bereit für neue Abenteuer sind.**
  Auf ein Reck-und-streck-Ritual sollten Sie keinesfalls verzichten. Es kurbelt nämlich den ganzen Kreislauf an.

- **Lächeln Sie beim Aufstehen. Ob Sie dabei an etwas Positives denken oder einfach nur ohne Grund strahlen, bleibt Ihnen überlassen. Beachtenswert ist jedoch, dass durch das Lächeln sich auch die eigene Laune bessert.**

Fit für die Schule 1.

Seit einiger Zeit gibt es Wecker auf dem Markt, die durch eine spezielle Lampe einen langsamen Sonnenaufgang simulieren.

So können Sie auch im Winter um 6.00 Uhr von annähernd natürlichem Licht sanft geweckt werden.

Das erste Lächeln des Tages schenken Sie sich einfach selbst!

Der Freund im Spiegel

Die Freund-im-Spiegel-Übung fühlt sich zunächst etwas ungewohnt an, vermittelt aber ein großartiges Körpergefühl.

Sie dürfen ruhig ein bisschen übertreiben.

Mit ein wenig Selbstironie kommen Sie wunderbar selbstbewusst durch den Alltag.

Diese Übung eignet sich besonders für einen glücklichen Start in den neuen Tag. Sie ist zuerst etwas ungewohnt, aber irgendwann möchte man sie nicht mehr missen. Stellen Sie sich vor einen Spiegel, in dem Sie Ihren ganzen Körper betrachten können. Finden Sie nun mindestens zehn Stellen an Ihrem Körper, die Sie wirklich schön finden!
Sprechen Sie sich dafür Komplimente aus wie z.B.:
„Ich finde meine Haare wunderschön. Mein Mund sieht so toll geschwungen aus. Meine Ohren haben genau die richtige Form. Ich finde meinen Po besonders hübsch. Meine Arme haben genau die richtige Länge und passen prima zu meinem Körper. Meine Füße stehen sicher auf dem Boden."
Probieren Sie es einige Male aus.
Es wird für Sie schnell ein selbstverständliches Ritual werden.

Verwöhn-Dusche

Sind Sie der Typ, der sich morgens schnell unter die Dusche stellt und die Körperpflege eher pragmatisch sieht, oder mögen Sie es lieber sinnlicher und bewusster? Versuchen Sie doch mal diese prickelnde Dusch-Variation, die nicht viel Zeit kostet:

Sie benötigen eine frische Zitrone, die Sie in Scheiben schneiden. Legen Sie diese in eine kleine Schüssel mit kaltem oder lauwarmem Wasser und vermischen alles gut. Gehen Sie nun unter die Dusche, und benutzen Sie ein Duschgel mit einer Zitronennote. Anschließend tränken Sie einen Waschlappen mit dem Zitronenwasser und tupfen sich damit noch einmal kurz ab. Das erfrischt für den ganzen Tag! Sie können auch als kurze Erfrischung zwischendurch einfach mit dem Zitronenwasser Ihr Gesicht benetzen. Und ganz raffiniert: Geben Sie etwas von dem Zitronenwasser in einen Zerstäuber wie etwa einen Parfumflakon. So können Sie auch unterwegs jederzeit eine kurze Erfrischung genießen und das Wasser auf Ihre Stirn und Wangen sprühen.

Vitaminreich und genussvoll frühstücken

Insbesondere bei Tätigkeiten, die stressbelastet sind wie der Lehrerberuf, benötigt der Körper besonders viele Vitamine, um den Zellstoffwechsel zu fördern. Mit einem Glas frischem Fruchtsaft am Morgen als Augenöffner und Muntermacher haben Sie bereits einen wichtigen Teil des Bedarfs an Vitaminen gedeckt. Klassisch bewährt hat sich hier natürlich der frisch gepresste Orangensaft. Aber Sie können auch Ihr Frühstück blitzschnell mit Vitaminen anreichern, indem Sie beispielsweise in eine Müsli-Fertigmischung eine Handvoll frische Früchte hinzugeben. Besonders lecker sind übrigens Himbeeren. Sie kann man auch tiefgefroren kaufen, und sie lassen sich einzeln entnehmen. Natürlich können Sie auch jedes andere Saisonobst hinzufügen. Achten Sie morgens auch darauf, genügend Ballaststoffe zu sich nehmen.

Nach einer Scheibe Weißbrot bekommt man bekanntermaßen ziemlich bald wieder Hunger, da die einfachen Kohlenhydrate schnell verbraucht sind. Also am besten Vollkornprodukte und proteinreiche Lebensmittel verwenden. Die halten länger satt und sind gesünder.

Wie wäre es mit einem leckeren Ferien-Frühstück, das einige schöne Erinnerungen weckt? So bekommen Sie schon am Frühstückstisch ein bisschen Urlaubs-Feeling.

Lassen Sie sich für das Frühstück immer ausreichend Zeit. Das schont den Magen und lässt Sie länger satt bleiben.

Griechisches Frühstück

Hier frühstücken Sie würzig. Belegen Sie ein knuspriges Vollkornbrötchen mit Frischkäse, Tomatenscheiben und Olivenringen. Dazu versüßen Sie sich den Tag mit griechischem Jogurt (ein normaler Jogurt tut's aber auch) und Honig.

Englisches Frühstück

Normalerweise besteht ein englisches Frühstück eher aus Tee und Toast mit Orangenmarmelade. Wenn Sie hier ein Vollkorntoast nehmen, ist das auch okay. Mögen Sie es kräftiger, dann versuchen Sie es mit Rührei und gebratenem Speck (vorzugsweise magerer Schinken).

Französisches Frühstück

Die Grundlage dieses Frühstücks besteht aus Baguette und knusprigen Croissants, die Sie schön in den Milchkaffee dippen können. Zwar ziemlich kalorienreich, aber man gönnt sich ja sonst nichts. Nehmen Sie auch hier zumindest ein Vollkorncroissant, dem Sie mit einigen frischen Früchten Vitamine einhauchen.

Hier ein paar Luxusvarianten, die blitzschnell zubereitet sind:

Vollkornbrötchen de luxe

Belegen Sie normale Vollkornbrötchen doch einmal mit Räucherlachs und frischem Dill oder frischer Kresse, Frischkäse, Radieschenscheiben, frischem Schnittlauch, Camembertscheiben und gehackten Walnüssen, Gouda, Mangoscheiben und einem Hauch Senfsauce.

Vanille-Müsli

Wie wäre es mit einem leckeren Vanille-Müsli? Diese Mischung können Sie gemütlich vorher zusammenstellen, da sie einige Wochen haltbar ist.

Vermischen Sie:

150 g Haferflocken
30 g gemahlene Haselnüsse
30 g Mandelblättchen
50 g Cornflakes
2 EL Rosinen

Mischen Sie alles gut durch, und lagern Sie die Müslimischung luftverschlossen. Verrühren Sie das Müsli nun nach Bedarf mit:

100 g Magerquark
50 g Jogurt
2 EL fettarmer Milch
1 Päckchen Vanillezucker

Fügen Sie am besten einige frische Früchte wie Bananen, Erdbeeren, Himbeeren, Äpfel oder Birnen hinzu, und verrühren Sie alles vorsichtig mit ca. 4–5 El der Müslimischung.

Farblich gut drauf

Wussten Sie, dass die Farben, die Sie tragen, wesentlich zu Ihren Gefühlen beitragen und diese auch nach außen spiegeln? Ob Sie sich lieber elegant, lässig oder sportlich kleiden, spielt dabei keine Rolle.

Meistens wählt man eher dezente Farben, weil man nicht so gerne aus der Menge auffallen möchte oder weil diese Farben gerade „in" sind.

Das ist im Grunde auch in Ordnung. Vielleicht empfinden Sie einmal den Impuls, dass Sie gerne etwas Orangefarbenes tragen würden. Sie denken aber, dass das gar nicht zu Ihrer Haarfarbe oder Ihrem Teint passt. Also kaufen Sie es auch nicht und nehmen lieber das vertraute Beige. Manchmal wundern Sie sich aber, dass Sie sich in dem beigen Pullover irgendwie nicht richtig wohlfühlen, obwohl er doch so teuer war. Woran liegt das? Die Farbe Orange steht z.B. für Vitalität und Lebensfreude. Und vielleicht brauchen Sie einfach mal einen Farbklecks mehr davon in Ihrem Leben.
Um nicht komplett Ihre Kleidung umstellen zu müssen, wenden Sie doch einen kleinen Trick an: Tragen Sie ein einzelnes Accessoire, das orange ist, etwa ein Halstuch oder einen Gürtel.

- **Orange verhilft zu mehr Vitalität und Lebensfreude. Vor allem interessant für Morgenmuffel, da sie schnell belebt.**
- **Grün vermittelt Beschaulichkeit und Optimismus. In hellen oder kräftigen Tönen fühlt es sich frisch an.**
- **Blau hilft, zur eigenen Mitte und zu mehr Ruhe und Klarheit zu finden. Besonders wohltuend in Stressphasen.**
- **Braun wirkt erdend und stabilisierend. Beruhigend bei Reizüberflutung.**
- **Rot wärmt und belebt. Stellt in den Mittelpunkt. Aber Vorsicht! Zu viel Rot kann schnell gereizt machen.**
- **Gelb macht gute Laune und gilt als das stärkste Antidepressivum unter den Farben – gut also für besonders anstrengende Tage.**

Die Farben, die Sie tragen, verleihen Ihnen auch immer selbst etwas von Ihrer „Qualität". Experimentieren Sie einfach mal ein bisschen, und beobachten Sie, wie Sie sich mit welcher Farbe fühlen.

Warum nicht mal intensive Farben ausprobieren?

Authentisch sein

Was auch immer heute in der Schule wieder Aufregendes auf Sie wartet: Bleiben Sie authentisch! Was ist Ihnen wirklich wichtig? Was möchten Sie heute auf jeden Fall erreichen? Werden Sie sich jeden Tag neu darüber klar. Manchmal sind es nur wenige Punkte, manchmal ist es auch nur eine Sache, auf die Sie verstärkt achten möchten. Hatte Sie gestern der Lärmpegel am Ende des Unterrichts in einer bestimmten Klasse gestört? Dann nehmen Sie sich heute vor, auf genau diese Sequenz noch einmal zu achten und sie zu verändern – wie ein Regisseur in einem Film.

Da Sie ja (fast) jeden Tag wieder dieselben Klassen unterrichten, haben Sie immer wieder neu die Möglichkeit, Dinge zu ändern.

Die Kunst der Muße

Versuchen Sie morgens, ohne Hektik aus dem Haus zu gehen. Das hört sich simpel an – und eigentlich wollen Sie das schon lange tun. Aber mal ganz ehrlich – wer schafft das schon? Deshalb stellen Sie sich lieber den Wecker 15 Minuten früher. So können Sie noch ein bisschen träumen, langsam in die Gänge kommen und haben auch mehr Genuss an Ihren Morgenritualen, die Ihnen die Power für den Tag geben. Finden Sie selbst heraus, wie Ihr Rhythmus ist. Gerade, wenn Sie morgens langsam frühstücken und das Essen richtig genießen, haben Sie schon viel für einen ausgeglichenen Tag getan. Und ruhig in der Schule anzukommen, verschafft Sicherheit.

So haben Sie immer noch kleine Pufferzonen für Unvorhergesehenes oder ein aufmunterndes Morgenschwätzchen mit Kollegen oder Schülern. Vielleicht ziehen Sie es auch vor, bereits vor Unterrichtsbeginn in die noch stille Klasse zu gehen und die angenehme Atmosphäre zu genießen. So können Sie beim Klingeln die Tür öffnen und jeden Schüler einzeln begrüßen – wenn Sie mögen.

> Alles vorbereitet?
>
> Dann kann es ja entspannt losgehen.

Sie sind gut!
Vertrauen Sie sich selbst!

You Can Do It!

Wenn Zweifel aufkommen

> *Als Lehrer haben Sie ein schwer zufrieden zu stellendes Publikum. Deshalb: Bleiben Sie sich selbst treu!*

Der Lehrerberuf ist nicht nur einer der emotional anstrengendsten, sondern erfordert ständige Interaktion mit anderen Menschen.

Im Gegensatz zu vielen Verwaltungsberufen sind Lehrer ständig zwischenmenschlich eingebunden. Es vergeht kaum eine Unterrichtsstunde, in der nicht die vielfältigsten Fähigkeiten notwendig sind: David hat zum x-ten Mal seine Mappe nicht dabei und kann in einem Wust von Arbeitsblättern das richtige nicht finden.

Also ruhig Blut behalten, sich eine Notiz machen und am besten die Eltern benachrichtigen. Tobias tritt Lena gegen das Schienbein: Tobias ermahnen, Lena kurz trösten. Die anderen Schüler wieder „einfangen" und motivieren, weiterzuarbeiten (aber wo?).

Die Gestaltung permanenter zwischenmenschlicher Beziehung zehrt an der Substanz. Ein „Zwangspublikum", das zufrieden gestellt werden soll mit Darbietungen, die es gar nicht sehen will, grenzt fast an Zauberei.

> *Ein guter Zirkusdirektor und ein guter Lehrer haben viel gemeinsam. Aber machen Sie sich nicht jeden Tag zum Clown!*

Stellen Sie sich vor, Sie gehen mit Kindern in den Zirkus. Die Kinder werden zunächst begeistert sein und mit großem Interesse, nicht zuletzt auch wegen des leckeren Popcorns, in den Zirkus stürmen. Die Kinder wissen: Es erwartet sie Aufregendes. Eine gute Voraussetzung für echtes Interesse! Jetzt stellen Sie sich selbst in Ihrer Klasse vor: Die Schüler haben zunächst auch ein natürliches Interesse (es könnte ja etwas Spannendes passieren), merken aber schnell, dass sie selbst etwas dafür tun müssen (und es gibt auch wenig Leckereien).

Einige werden jetzt schon missmutige Gesichter machen. Punktabzug!

Im Zirkus folgt Sensation auf Sensation. Es gibt gefährliche Löwen, lustige Clowns, abenteuerliche Akrobaten, für jeden Geschmack etwas dabei. Und Sie als Lehrer? Wollen Sie auch alle erdenklichen Facetten zeigen, von einer Unterrichtssensation zur nächsten hüpfen? Falls nicht, was niemand kann, werden Sie schon wieder einige lange Gesichter sehen: Wie langweilig …

Im Zirkus fällt der Vorhang nach zwei Stunden. Alle Artisten sind erschöpft. Ihr Schultag dauert oft sechs Stunden. Haben Sie schon einmal eine sechsstündige Show gesehen, bei der am Ende alle begeistert mit den Fähnchen schwenken?

Selbst hochprofessionelle Showmaster mit nur einer Show pro Woche sind nach zwei bis drei Stunden nass geschwitzt und gönnen sich erst mal eine After-Show-Party. Und diese Showmaster haben meistens noch die Unterstützung von unzähligen Assistenten oder Live-Acts. Und Sie wollen die volle Begeisterung jeden Tag und nicht nur einmal pro Woche?
Merken Sie, wie unrealistisch solche Erwartungen an sich selbst sind?

So geht es auch Torsten, Lehrer an einer Realschule:
Torsten kommt zur ersten Stunde schwungvoll in die Klasse. Er hat sich gut vorbereitet und möchte seinen Schülern die ersten Impulse für das neue Thema Bruchrechnen geben. Als er in die Klasse tritt, spielen einige Schüler Karten, drei machen noch Hausaufgaben, und zwei Mädchen lackieren sich die Fingernägel. Bevor trotz freundlicher Begrüßung alle Schüler ihre Aufmerksamkeit dem Lehrer widmen, sind bereits fünf Minuten vergangen. Torstens erster Schwung ist dahin. Er hat extra große Schoko-Cookies mitgebracht, die die Schüler im Sinne des Bruchrechnens teilen sollen und natürlich aufessen dürfen. Doch Freude ist fehl am Platz:

„Haben Sie auch andere Kekse?" „Die Sorte mag ich nicht!" „Der Tom nimmt sich viel mehr!" Torsten hat große Lust, die ganzen Kekse wieder einzusammeln. Er fühlt sich nicht geachtet und nicht gewürdigt. Dabei hatte er es so gut gemeint. Als er die erste Aufgabe an der Tafel erklärt, verstehen viele Schüler gar nicht, was er will. Insgeheim fragt sich Torsten, ob der Job überhaupt der richtige für ihn ist. Er mag Kinder und Jugendliche, aber honoriert werden seine Bemühungen fast nie.

Deshalb: Achten Sie selbst Ihre Tätigkeit! Sie haben einen vielseitigen und interessanten Beruf. Sie sind nicht nur Lerncoach, sondern auch Seelentröster, Taschentuchspender, Materialdesigner, Tafelgestalter, Entertainer, Zirkus-Direktor, Eltern-Trainer und noch viel mehr. Die wenigsten ahnen dies. Umso mehr müssen Sie sich dafür selbst wertschätzen.

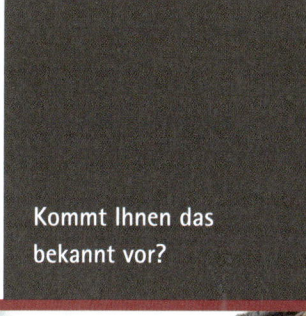

Kommt Ihnen das bekannt vor?

Es ist völlig normal, nach sechs Stunden Unterricht total erschöpft zu sein.

So arbeiten Sie nach dem 80/20-Prinzip

Ines ist Deutschlehrerin. Sie will für den folgenden Tag ein Arbeitsblatt erstellen und hat bereits einige gute Ideen, die sie auch schnell am PC umsetzt. Da sie gerade in Schwung ist, malt sie auch noch eine lustige Illustration dazu – fertig. Das Arbeitsblatt sieht gut aus, und Ines ist ganz zufrieden.

Sie hat ein ordentliches Arbeitsblatt mit relativ geringem Aufwand ziemlich schnell geschafft. Doch jetzt fängt sie an zu grübeln:
Ist die Zeichnung überhaupt sinnvoll? Und so ganz professionell sieht sie nach ihrem Geschmack auch nicht aus. Also recherchiert sie im Internet, ob es bereits fertige Zeichnungen zum Runterladen gibt. Ist die Schrift auch ausreichend groß? Sind die Zeilenumbrüche logisch?

Sie verändert hier und dort – verschiebt Elemente und schreibt Textstellen um. Endlich hat sie das perfekte Arbeitsblatt, aber es sind fast zwei Stunden vergangen.

Eigentlich wollte sie heute noch ins Fitnessstudio, aber das lohnt sich jetzt nicht mehr. Der spannende Krimi im Fernsehen ist auch schon halb vorbei. Ines hat mal wieder das Gefühl, dass die Schule sie völlig vereinnahmt. Deshalb: Machen Sie sich nicht selbst verrückt, weil Sie Übermenschliches leisten wollen.

„Mist, da fehlt noch eine wichtige Kompetenz ..."

Haben Sie schon einmal von der 80/20-Formel – dem „Pareto-Prinzip" – gehört, das sogar viele Top-Manager anwenden?

Das Pareto-Prinzip besagt, dass man 80 % eines möglichen Ertrages mit nur 20 % Arbeitseinsatz erbringen kann. Und ebenso umgekehrt:

Für die restlichen 20 %, also um das Ergebnis perfekt zu machen, müssen 80 % der Leistung aufgewendet werden.

Für Ines bedeutet das: Sie hat in kurzer Zeit, mit einem geringen Aufwand von etwa 20 Minuten, ein ordentliches, zielführendes Arbeitsblatt erstellt. Alle könnten zufrieden sein. Doch Ines wollte es besonders perfekt gestalten und hat am Ende für die Perfektionierung fast zwei Stunden gebraucht, die sie eigentlich gerne mit Freizeitaktivitäten verbracht hätte.

Wenn Sie wirklich jederzeit 100% geben wollen, beschäftigen Sie sich mit 80% Ihrer Arbeitszeit für eine Optimierung von bescheidenen 20%.

Lohnt sich ein solcher Aufwand für ein noch effektvoller gestaltetes Arbeitsblatt oder eine Spezial-Station der Lerntheke, zu der wahrscheinlich nur noch drei Schüler kommen werden?

Versuchen Sie doch einfach mal, Ihre selbsterklärten Ziele auf „gut" statt auf „perfekt" auszurichten. Sie werden staunen, wie viel mehr Zeit Sie zur Verfügung haben, ohne nennenswerte Einbußen im Ertrag hinnehmen zu müssen.

Wenden Sie das 80/20-Prinzip nicht nur auf Ihre Unterrichtsvorbereitungen an, sondern auch auf andere Verpflichtungen in Alltag und Beruf. Das heißt natürlich nicht, dass Sie niemals 100% geben dürfen – im Gegenteil. In manchen Fällen ist es sogar ausgesprochen wichtig, die bestmögliche Leistung zu bringen, z.B. für Lehrproben oder wichtige Präsentationen. Aber fragen Sie sich vorher, ob sich ein erheblicher Mehraufwand wirklich auszahlt, bevor Sie wertvolle Freizeit dafür opfern. Entspannen Sie stattdessen lieber wieder einmal auf der Couch bei Ihrer Lieblingsmusik und einem guten Glas Rotwein.

Arbeiten Sie nach dem 80/20-Prinzip wie die Top-Manager – auch die sind nicht perfekt!

Was ist besser, als bis 23.00 Uhr am perfekten Arbeitsblatt herumzutüfteln?

Sie wissen es – aber tun Sie es auch!

Stellen Sie Ihre Schüler auf den Kopf!

Ich habe einmal den witzigen Spruch gelesen: „Nicht für die Schule, sondern für das Leben lärmen wir."
Und laut ist es ja nun wirklich oft. Kinder und Jugendliche haben von Natur aus nun einmal andere Interessen, als Texte zu interpretieren oder die schriftliche Division zu üben.

Hier ein Kommentar von meiner Kollegin Marlies: „Ich fühle mich dann als gute Lehrerin, wenn es im Unterricht wirklich leise ist und alle konzentriert und mit Freude ohne Ermahnungen arbeiten. Das ist für mich eine echte Bestätigung."
Können Sie sich vorstellen, wie oft Marlies diesen Idealzustand erreicht? Genau. Dabei liegt es oft an der eigenen Einstellung zum Unterricht und zu den Schülern.

Idealzustand: leise und konzentrierte Schüler?

Dieses Verhalten konkurriert mit dem natürlichen Mitteilungs- und Bewegungsdrang

Überlegen Sie kurz selbst, wie viele Schüler in Ihrer Klasse wirklich den Unterricht nachhaltig stören. Meistens sind es weniger, als man auf Anhieb denkt. Aber diese wenigen fallen natürlich ständig auf. Es gibt so viele Schüler, die gerne und toll mitarbeiten.
Lenken Sie Ihren Fokus stärker auf diese. Blicken Sie bereits zu Beginn des Unterrichts motivierte Schüler verstärkt an, sodass Sie gleich gute Laune bekommen. Dann behalten Sie auch die gute Laune bei Unterrichtsstörungen.

Marlies hat sich jedoch nicht die Frage gestellt, ob ihr Anspruch – stets leises Verhalten und konzentriertes Arbeiten – überhaupt einen guten Unterricht ausmacht. Dass Schüler grundsätzlich leise sind, widerspricht nämlich dem natürlichen Bewegungs- und Mitteilungsdrang.
Sie können sicherlich nicht sofort jedes störende Verhalten im Unterricht abstellen, wohl aber eine positive Einstellung zum gegenwärtigen Zustand gewinnen. Drehen Sie doch die Situation einfach mal um:

2. Sie sind gut!

Statt zu verzweifeln, weil die Klasse immer sehr laut ist, denken Sie einfach: In meiner Klasse ist sehr viel Engagement vorhanden. Das hört sich erst mal überraschend an? Wenn Sie die Schüler aber öfter einmal „auf den Kopf stellen", gewinnen Sie eine positivere Haltung. Und je gelassener Sie auftreten, desto ruhiger werden auch die Schüler wieder. Probieren Sie doch einmal die Gegenüberstellungen für Ihre Klasse aus.

Negative Situation	Positive Deutung
Schüler rufen dauernd dazwischen.	Meine Schüler üben ihre sprachliche Ausdrucksfähigkeit und trauen sich, ihre Meinung zu äußern.
Einige Schüler provozieren.	Sie trainieren gerade, wie man Konflikte bearbeitet, und benötigen noch etwas Unterstützung.
Eine Schülerin kippelt mit ihrem Stuhl.	Sie sucht momentan die Balance.
Ein Schüler schläft.	Er kann gut mit seinen Kräften haushalten.

So können Sie schmunzelnd, aber doch positiv zusammenfassen, dass Sie eine engagierte Klasse haben, in der intensiv die Ausdrucksfähigkeit trainiert wird und einige Schüler sehr kreativ sind. Das hört sich schon viel besser an und stellt Sie nicht selbst in Frage.

Versuchen Sie selbst, Ihre Schüler einmal „auf den Kopf zu stellen". Sie werden sicherlich viele positive Deutungen finden.

Eine Übung: Finden Sie positive Formulierungen für folgendes Verhalten:

Negative Situation	Positive Deutung
Zwei Schüler kommen häufig zu spät.	
Einige Schüler basteln oder malen während des Unterrichts.	
Manche Kinder interessieren sich ständig für andere Dinge, aber nicht für den Unterricht.	

Machen Sie sich bewusst, dass Sie sich nicht noch mehr anstrengen müssen, um ein Lehrerideal zu erreichen. Entdecken Sie stattdessen die Vorzüge der Realität. Ihre Schüler werden Ihre neue Gelassenheit zu schätzen wissen.

Folgende Tipps und Rituale können Ihnen helfen, falls mal wieder alles drunter und drüber geht:

- **Spielen Sie die „Lehrer-gegen-Schüler-Wette":**
  „Ich wette mit euch, dass ihr es nicht schafft, mucksmäuschenstill eure Bücher zu holen."
  „Ich wette mit euch, dass ihr es nicht schafft, zehn Minuten ganz leise euren Text zu lesen."
  Zeichnen Sie dazu an die Tafel eine Tabelle mit zwei Spalten: eine für Sie und eine für die Schüler. Haben die Schüler es geschafft, erhält die Klasse einen Punkt, haben die Schüler es nicht geschafft, erhalten Sie einen Punkt. Wer im Laufe des Tages die meisten Punkte erzielt, hat gewonnen. Seltsamerweise strengen sich die Schüler hier besonders an.

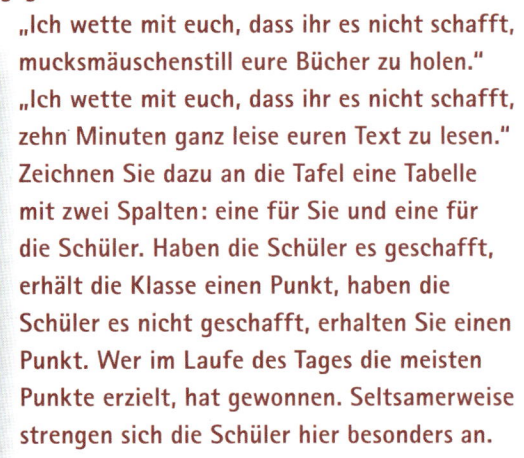

Na, wer hat die Wette gewonnen?

- **Zählen Sie von drei bis null rückwärts.**
  Bei null ist Schluss, und niemand darf auch nur das leiseste Geräusch machen.

- **Klatschen Sie einen bestimmten Rhythmus**, den alle mitklatschen müssen. Je älter die Schüler, desto komplizierter kann er sein. So ist die Aufmerksamkeit schnell wiederhergestellt.

- **Sprechen Sie zunehmend leiser**, wenn die Klasse immer lauter wird. Lassen Sie sich nicht auf ein Lautstärke-Duell mit den Kindern ein. Das können Sie nur verlieren …

- **Loben Sie ausdrücklich diejenigen Schüler**, die sich leise und aufmerksam verhalten. Der Gruppeneffekt verhilft dazu, dass die anderen sich auch schnell wieder leise verhalten.

Stärken Sie Ihre Stärken!

Wenn sich Raffael im Kollegium umschaut, wird er manchmal ein bisschen neidisch. Dort ist die fleißige Kollegin, die eine Vielfalt an Material aus ihrer Tasche zaubert, hier ein Kollege, der eine sensationelle Ordnung in seinen Unterlagen hat, und am Nachbartisch wird ständig nur von Wochenplan und Freiarbeit geredet. Und Raffael selbst? „Irgendwie bin ich nur Durchschnitt", denkt er.

Weit gefehlt. Jeder Mensch hat seine persönlichen Stärken, die im Alltagsgeschäft aber nicht immer auffallen. Vielleicht können Sie besonders gut Witze erzählen und Ihre Schüler zum Lachen bringen, was eine gute Klassenatmosphäre schafft. Aber meistens trauen Sie sich nicht, weil Sie Witze im Unterricht für deplatziert halten. Vielleicht haben Sie einen besonderen Sinn für Strukturen, die sie zwar in Ihren Vorbereitungen optimal anwenden, aber an Ihre Schüler noch gar nicht weitergegeben haben. Fördern Sie selbst also vor allem Ihre Stärken.

Leider sind wir in unserem Kulturkreis so aufgewachsen, dass wir ständig geneigt sind, uns für unsere Schwächen zu entschuldigen. Doch das eigene Potenzial liegt ganz woanders. Überlegen Sie, was Sie wirklich gut können und was Ihnen wirklich Freude macht. Bringen Sie Ihre Stärken gezielt in die gesamte Schule ein.

Sarah z.B. mag besonders gerne Diskussionsrunden, klärende Gespräche und Rituale. Sie geht zu Ihrer Schulleiterin und erzählt, dass sie sich für Rhythmisierung im Schulalltag interessiert und darüber gerne einen Workshop im Kollegium machen würde. Die Schulleiterin ist zunächst erstaunt, freut sich aber sehr über Sarahs Engagement.

Bereits im nächsten Monat nimmt Sarah an einer Fortbildung teil und veranstaltet anschließend einen Workshop für ihre Kollegen. Schon bald setzen Sarahs Kollegen die neuen Unterrichtsmethoden erfolgreich ein und geben ihr viel positives Feedback.

Um noch einmal ökonomisch zu werden: Für die Gesamtleistung einer Person ist es effektiver, persönliche Stärken weiter zu stärken, als zu versuchen, persönliche Schwächen auszumerzen.

Zeigen Sie Ihren Kollegen, was Sie gut können, und haben Sie kein schlechtes Gewissen wegen Ihrer Schwächen.

Kreuzen Sie die Aussagen an, die auf Sie zutreffen:

Zählen Sie nun die Buchstaben hinter Ihren Antworten zusammen, und lesen Sie nach, welcher Lehrer-Typ Sie sind.

- Ich spiele manchmal selbst gerne. **A**
- Ich freue mich auf Klassenfahrten. **B**
- Ich überlege mir frühzeitig, was die Schüler lernen sollen. **D**
- Ich konstruiere gerne Arbeitsblätter und Arbeitsmaterial. **A**
- In Konfliktsituationen vermittele ich gerne. **C**
- Am Anfang der Stunde teile ich immer mit, worauf ich hinauswill. **D**
- Ich denke mir gerne Geschichten aus. **A**
- Ich finde sehr schnell Materialien und Unterlagen. **D**
- Ich lasse mich nicht so schnell provozieren. **C**
- Wenn ich könnte, würde ich mal drinnen und draußen unterrichten. **B**
- Ich besuche gerne Museen/Theater mit den Schülern. **B**
- Ich plane Unterrichtseinheiten gerne für einen längeren Zeitraum. **D**
- Ich kann mich gut in verschiedene Menschen hineinversetzen. **C**
- Ich achte besonders auf unterschiedliche Sozialformen. **A**
- Zur Belohnung unternehme ich mit den Schülern gerne etwas Besonderes. **B**
- Die familiären Verhältnisse der Schüler interessieren mich sehr. **C**

A: Kreativität

Fühlen Sie sich manchmal selbst noch wie ein Kind? Möchten Sie viele Dinge ausprobieren? Haben Sie Lust am Entdecken und Experimentieren? Ihr Potenzial liegt vor allem in Ihrer Kreativität.
Das heißt nicht, dass Sie von nun an nur noch mit Ihren Schülern basteln sollen. Aber Sie haben viel Fantasie, die Sie gewinnbringend im Unterricht nutzen sollten. Spielen Sie häufiger im Unterricht. Vielleicht denken Sie sich eine knifflige Rätsel-Geschichte aus, die die Schüler lösen müssen. Wenn Sie ein gestalterisches Talent besitzen, lassen Sie doch Ihre Kollegen an Ihren tollen Arbeitsblättern oder Konzeptionen teilhaben.
Leben Sie Ihre Ideen, auch wenn diese manchmal nicht zu einem „seriösen" Lehrer passen. Ihre Schüler werden mit Ihnen aufblühen und Lernen mit Freude und Spaß verknüpfen! Ein unschätzbarer Vorteil für lang dauernde Motivation auch im Erwachsenenleben!

B: Unternehmungslust

Sie würden öfter gerne die engen Klassenräume verlassen und Unterricht an spannenderen Orten halten? Falls möglich, planen Sie regelmäßige Exkursionen, Besichtigungen, Konzerte oder Theaterbesuche ein. Doch auch im kleineren Rahmen werden Sie mit Ihren Schülern glücklich:
Verbringen Sie im Sommer den Unterricht unter schattigen Bäumen. Hier lässt es sich prima in Gruppen arbeiten oder lesen. Starten Sie kleine Exkursionen, und machen Sie Natur-Entdeckungen rund um das Schulgelände. Lassen Sie Schüler Material selbst sammeln oder Details draußen malen und beobachten. Wie wäre es mit einer Rallye? Die Schüler könnten auf dem Schulhof versteckte Matheaufgaben finden und lösen oder den Kompass anhand einer Schatzkarte lesen lernen. Eine neue Umgebung wirkt nicht nur lernfördernd, sondern hinterlässt auch tiefe Eindrücke.
Die Eigenverantwortung der Schüler steigt und kommt ihrem natürlichen Bewegungsdrang entgegen. Sie selbst werden sich fröhlich und entspannt fühlen – und Ihre Schüler werden es Ihnen danken.

Außerschulische Lernorte motivieren und hinterlassen tiefe Eindrücke.

C: Sensibilität

Sie wünschen sich einen angenehmen und konfliktfreien Umgang mit Ihren Schülern (was natürlich nicht immer möglich ist). Für Ihre Schüler sind Sie aber ein Fels in der Brandung. Diese fühlen sich bei Ihnen gut aufgehoben. Auf der anderen Seite sind Sie selbst sehr sensibel, was Ihren Schülern die Möglichkeit gibt, über ihre eigenen Gefühle zu sprechen und sich damit vor Ihnen zu öffnen. Führen Sie öfter mit Ihren Schülern Vertrauensspiele durch. Lassen Sie Erzählkreise zum Ritual werden, in denen Schüler z.B. ein Klassentagebuch vorlesen dürfen. Arbeiten Sie mit Symbolkarten, in denen sich Ihre Schüler selbst wiederfinden. Durch Ihre Sensibilität sind Sie für viele Schüler eine wichtige Stütze, insbesondere für diejenigen, die aus schwierigen familiären Verhältnissen stammen.

Passen Sie aber auf, dass Sie trotzdem die nötige Distanz wahren, und legen Sie den Fokus auf positive Erlebnisse und Erfahrungen. Durch Ihre einfühlsame Art schenken Sie Ihren Schülern wichtige emotionale Grundlagen für ihr späteres Leben.

Welcher Lehrertyp sind Sie?

Der kreative?
Der strukturierte?
Der einfühlsame?
Der Abenteurer?

Wahrscheinlich ein bisschen von allem ...

D: Zielorientiertheit

Sie schätzen, wenn Dinge klar abgesprochen und geplant werden. Sie haben Freude daran, in größeren Zusammenhängen zu denken und zu arbeiten. Dabei ist Ihnen auf jeden Fall ein „roter Faden" durch den Alltagsdschungel wichtig. Nutzen Sie Ihre eigene Struktur doch auch verstärkt für Ihre Schüler! Geben Sie ihnen Planungshilfen, und beziehen Sie sie in konkrete Vorhaben, die eine Struktur erfordern, direkt mit ein (wie z.B. in Projektwochen). Hier können schon die Kleinsten mitentscheiden, welches Thema sie interessiert und an welchen Tagen bestimmte Vorhaben durchgeführt werden. Ihre eigene Strukturiertheit gibt den Schülern Sicherheit. Im Alltag kann Ihr strukturierter Unterricht zu einem äußerst positiven Lernklima beitragen, indem Sie die Organisation für die Klasse, für Unterrichtsmaterial und für einzelne Unterrichtsphasen verschiedenen Schülern in wechselnder Reihenfolge übertragen. Dies sind wichtige Lernerfahrungen, die für Ihre Schüler an weiterführenden Schulen oder im Berufsleben von großem Wert sind.

Vielleicht finden Sie sich auch in jeder beschriebenen Rubrik ein bisschen wieder. Kein Problem: Dann sind Sie wahrscheinlich ein Allrounder, der gerade durch seine Vielfältigkeit brilliert.

Schreiben Sie einfach mal für sich auf, was Sie wirklich einzigartig macht. Das kann eine Liste, aber auch einige Zeilen oder Bilder sein. Überlegen Sie sich dabei allgemeine Eigenschaften wie etwa:
„Ich kann gut zuhören", „Ich kann kreative Ideen entwickeln", „Ich kann mich gut entspannen", „Ich habe ein ausgesprochenes Farbgefühl" oder „Ich kann gut trösten".
Es dürfen auch Eigenschaften sein, die auf den ersten Blick gar nichts mit Ihrem Beruf zu tun haben, wie z.B. italienische Kochkünste oder ein ausgeprägtes Heimwerkertalent.

Überlegen Sie nun weiter, welche Talente Sie bereits als Kind besaßen. Gibt es diese heute noch? Wurden sie vernachlässigt? Möchten Sie sie wiederentdecken? Als nächsten Schritt bauen Sie nun eine Fähigkeit nach der anderen wieder in den Alltag ein. Achten Sie darauf, wie Sie sich fühlen, wenn Sie Ihre Eigenschaften wieder bewusst betonen.

Ein Tipp: Benennen Sie für jede Eigenschaft, die Sie wieder integrieren wollen, eine bestimmte Zeitphase. Wenn Sie kreativer arbeiten wollen, dann rufen Sie für sich eine Woche der Kreativität aus. Gestalten Sie diese Woche nun so, dass sie Ihrem Ideenreichtum entspricht, und beobachten Sie, wie Sie sich dabei fühlen.

Probieren Sie in den darauffolgenden Wochen andere Eigenschaften verstärkt aus. So entdecken Sie sich selbst dabei ein großes Stück neu und werden einen wahren Energiekick spüren.

2. Sie sind gut

Experimentieren Sie mit Ihrer Kreativität. Überlegen Sie, welche Dinge Sie wirklich gerne tun und wie Sie diese in das Schulleben einbringen können.

Es finden sich viele Möglichkeiten – ob es ein neues Fach ist oder ein besonderes Thema für die Projektwoche.

Sie sind eine echte Heimwerker-Königin und möchten Ihr Talent in das Schulleben einbringen? Da bietet sich doch die ein oder andere Möglichkeit ...

Ihr persönliches Erfolgstagebuch

Prominente tun es, Wissenschaftler tun es, und Sie können es bald auch: ein Erfolgstagebuch schreiben!
Das hat nichts mit einem normalen Tagebuch zu tun. In Ihr Erfolgstagebuch schreiben Sie ausschließlich Ihre täglichen Erfolge hinein: große, kleine und sogar die ganz klitzekleinen.
Eine Seite in Nicoles Tagebuch sieht folgendermaßen aus:

Ein Erfolgstagebuch dokumentiert jedes noch so kleine Erfolgserlebnis – und davon gibt es jeden Tag ziemlich viele. Entdecken Sie sie!

> Habe es heute Morgen geschafft, mit positiven Gedanken aufzustehen. In der zweiten Schulstunde gleich Vertretung in der angeblich schrecklichsten Klasse. Hatte erst einen großen Bammel. Dann ist mir aber ein Sprachspiel eingefallen. Die Schüler haben prima mitgemacht. Na also! In der großen Pause den üblichen Small Talk ausnahmsweise abgelehnt, weil ich mich einfach mal etwas entspannen wollte. Habe mich aber etwas unbehaglich gefühlt. Was denken die Kollegen? Klappte aber prima. Ute hat mich sogar für morgen Abend zum Fondue eingeladen. Ich bin superstolz auf mich! Bin mal wieder joggen gegangen.

Schreiben Sie aber wirklich hauptsächlich positive Erfahrungen hinein. Werden Sie sich Ihrer Ängste, Zweifel oder Wut bewusst, aber formulieren Sie diese nur kurz, sodass selbst Ihre Mini-Erfolge die negativen Seiten übersteigen.
Und außerdem: Was ein Erfolg ist, bestimmen Sie ganz allein. Das kann für andere auch sehr banal sein, aber für Sie hat es vielleicht Überwindung gekostet, die Sie gemeistert haben. Sie haben jeden Tag Grund, sich selbst zu gratulieren.

Vielleicht machen Sie aus Ihren Aufzeichnungen sogar ein kleines Abendritual, indem Sie vor dem Schlafengehen sich noch einmal ein paar ruhige Minuten für Ihre aufmunternde Tagesbilanz gönnen. Sie müssen auch nicht jeden Tag Ihr Tagebuch füllen. Halten Sie sich aber regelmäßige Zeiten dafür frei. Wenn Sie nach einiger Zeit wieder in den Seiten blättern, werden Sie erstaunt sein, wie viel Ihnen gut gelungen ist. Das stärkt das Selbstvertrauen!

„Das habe ich heute gut gemacht ..."

Freundliche Gedanken

Wussten Sie, dass Sie am Tag über 50.000 Gedanken über sich selbst produzieren? Die meisten sehen etwa so aus: Wie soll ich das denn schaffen? War das in Ordnung? Was denkt die jetzt bloß über mich?

Wenn Sie es schaffen, mehr als 50 % positiv über sich zu denken, würde Ihr Selbstwertgefühl großartig werden. Versuchen Sie doch mal Folgendes:

Stellen Sie sich vor, dass Sie eine beste Freundin oder einen besten Freund haben, der Ihnen ständig zu Seite steht und es immer gut mit Ihnen meint. Egal, was Sie auch immer tun, Sie werden gestärkt und unterstützt. Es fühlt sich so an, als würde eine liebe Hand Ihnen sanft den Rücken stärken. Wenn Sie nun wieder kritische Situationen erleben, lauschen Sie nach innen, was Ihr Freund oder Ihre Freundin Ihnen aufmunternd sagen würde:

„In dieser komplizierten Situation hast du das prima hinbekommen!",
„Toll, wie du das alles schaffst! Ich wusste, dass es klappt!",
„Sei nicht traurig, du hast heute viel daraus gelernt, das wird dir schon bald hilfreich sein".

So können Sie mühelos positive Gedanken formulieren, die Sie immer gelassener und sicherer werden lassen. Haben Sie nicht auch schon viele Schwierigkeiten gemeistert? Seien Sie ruhig stolz auf sich, wie Sie mit schwiergen Elterngesprächen zurechtgekommen sind oder wenn Sie sich in der Konferenz einmal durchgesetzt haben. Das sind Leistungen, die zu würdigen sind. Sie sind wirklich gut!

---

2. Sie sind gut

Wie ein guter Freund können auch freundliche Gedanken sein, die man jeden Tag meist unbewusst über sich denkt.

Warum sich also kritisieren, wenn man auch nett zu sich selbst sein kann?

Seien Sie nicht so skeptisch! Es gibt bestimmt viele Dinge, auf die Sie stolz sein können.

Ich will!

> Sagen Sie in Konferenzen und Besprechungen Ihre Meinung!
>
> Vermeiden Sie Weichspüler wie „Eigentlich könnte man vielleicht ...".

Vielen Kindern wird der Ausspruch „Ich will ..." eher abtrainiert.
So sagen wir heute vielmehr „Ich sollte ...", „Ich muss ..." oder vielleicht auch noch „Ich möchte ...".

Dabei untergraben gerade diese Aussagen die Eigenverantwortung.
Wer ständig „Ich muss ..." denkt, fühlt sich viel eher fremdbestimmt. Machen Sie ein kleines Experiment, und sagen Sie zu sich folgenden Satz: „Ich müsste eigentlich meinen Schreibtisch aufräumen."
Wie fühlen Sie sich? Motiviert? Wohl eher nicht.
Müde und unlustig schleppen Sie sich an die Arbeit.

Nun sagen Sie einmal diesen Satz: „Ich will meinen Schreibtisch aufräumen!"
Spüren Sie einen Unterschied? Vielleicht hören Sie ihn auch an Ihrem Tonfall.
Dieser Satz versprüht sofort viel mehr Energie und hört sich zielstrebig an.

Bauen Sie die Formulierung „Ich will ..." viel häufiger in Ihre Entscheidungen ein. Und wenn Sie etwas nicht wollen?

Dann prüfen Sie, ob es Ihrer Meinung nach wirklich notwendig ist.

Ist es verschiebbar, können Sie es verkürzen, aufteilen oder delegieren?

Können Sie einfach „Nein!" dazu sagen?

Auch ein „Ich will nicht!" gibt Ihnen Souveränität.

Bevor Sie allerdings einen dringlichen Wunsch Ihrer Schulleitung mit einem entschiedenen „Nein!" abschmettern, prüfen Sie vorher die Relevanz des Wunsches, und überlegen Sie sich gute Argumente, warum Sie nicht der geeignete Ansprechpartner dafür sind.

Ich will Schokolade! Jetzt!

Wellness im Klassenraum

Wellness im Klassenraum?

Wenn Markus an seinen Arbeitsplatz denkt, dann fallen ihm nur die nützlichen und notwendigen Dinge ein, wie Tafel, Tische, Stühle, Regale, Lernecken, Overheadprojektor und vielleicht noch der Schrank für das Kunstmaterial.
An eine Wellness-Oase hat er dabei bestimmt nicht gedacht.

Auch Marlies, Grundschullehrerin, dekoriert zwar ihre Klasse liebevoll mit Schülerbildern, Tierpostern oder Blumen, aber ihr persönlich gefällt es nicht so gut. „Hauptsache ist doch, dass sich die Schüler wohlfühlen und gut lernen können", denkt Marlies immer.
Allerdings haben Markus und Marlies nur nebenbei berücksichtigt, dass sie selbst natürlich auch ein Recht zum Wohlfühlen in ihrem Klassenraum haben.

Deshalb: Haben Sie den Mut, Ihre eigenen Vorlieben stärker durchzusetzen. Trauen Sie sich, statt des dritten niedlichen Tierposters einfach mal einen Kunstdruck von Chagall oder ein Poster von Ihrem nächsten Urlaubsziel aufzuhängen. So wecken Sie sogar die Neugier der Schüler, die vielleicht etwas über die Herkunft des Motivs lernen wollen. Spielen Sie Musik zur Untermalung von Ritualen ab, die Ihnen persönlich gefällt. Es muss nicht immer der Kinderlied-Klassiker sein, den Sie seit 15 Jahren einsetzen.

Sie werden sich frischer und ausgeglichener fühlen, wenn Sie Ihre eigenen Bedürfnisse stärker berücksichtigen. Und davon profitieren natürlich auch Ihre Schüler. Nutzen Sie die Unterrichtszeit ganz nebenbei für ein bisschen Fitness. Sie werden erstaunt sein, wie viel Sie in 45 Minuten für Ihr Wohlbefinden tun können. Auf den nächsten Seiten erfahren Sie, wie es geht ...

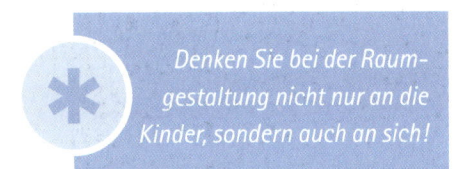

Denken Sie bei der Raumgestaltung nicht nur an die Kinder, sondern auch an sich!

Wellness in der Schule muss kein Widerspruch sein.

Warum nicht einfach mal ein Urlaubsposter im Klassenraum aufhängen?

Mut zur Lieblingsmusik

Lieben Sie Musik? Natürlich, wer tut das nicht. Aber eigentlich mögen Sie nicht so sehr die Kinderlieder, die Sie seit Jahren immer wieder einsetzen, sondern viel lieber klassische Musik oder aktuelle Songs? Dann gönnen Sie sich doch viel öfter Ihre Lieblingsmusik im Unterricht, die Sie entspannt und fröhlich stimmt. Schaffen Sie, passend zur Musik, praktische Rituale, damit die Musik auch für die Schüler eine Bedeutung hat.

Sie können beispielsweise während der Aufräumphase ein bestimmtes Musikstück hören. Die Kinder wissen dann: Wenn das Lied zu Ende ist, müssen sie fertig sein und wieder auf ihrem Platz sitzen. Ruhige Musik bietet sich zum Tagesbeginn an, wenn die Schüler allmählich eintrudeln. Auch während des Frühstücks werden viele Schüler ruhiger, wenn sie dabei Musik hören dürfen. So lernen die Schüler nebenbei vielleicht ganz neue Musikrichtungen kennen, die sie zu Hause vielleicht nie zu hören bekommen. Führen Sie nach und nach unterschiedliche Rituale ein, die jeweils mit einem ganz bestimmten Musikstück untermalt werden, sodass Sie alltägliche Tagesabläufe ohne Worte einleiten können.

Keine Sorge, Sie brauchen weder Hanteln noch Sport-Outfit, um sich in der Schule fit zu halten!

Mini-Fitness im Unterricht

Sie haben schon wieder viel zu lange gestanden und sind von Tisch zu Tisch gewandert? Der Rücken schmerzt und allmählich tun auch die Beine weh? Dann wird es Zeit für ein paar kleine Lockerungsübungen zwischendurch. Folgende Übungen gelingen jeweils in zwei Minuten, während die Schüler selbst beschäftigt sind und Sie sogar alle noch im Blick haben ...

Die Wasserflasche ist ein hervorragendes Fitnessgerät.

Natürlich sollten Sie auch nicht vergessen, ausreichend zu trinken.

Eine 1,5-Liter-Flasche sollten Sie im Laufe eines Schultages leer bekommen.

Hier kommen die besten Zwei-Minuten-Quickies:

- Setzen Sie sich auf den Lehrerstuhl hinter den Schreibtisch. Stellen Sie eine Wasserflasche rechts neben sich auf den Boden. Beugen Sie sich nun mit gerader Hüfte zur Seite, sodass nur der Oberkörper leicht kippt, und heben Sie kurz die Flasche an. Vielleicht spüren Sie ein kurzes Ziehen im Bauch, denn diese Übung trainiert besonders die Bauchmuskeln. Stellen Sie nun die Flasche auf die andere Seite neben Ihren Stuhl, und beugen Sie sich nach links, um die Flasche anzuheben. Achtung: Nicht den Körper verdrehen, sondern gerade bleiben und den Oberkörper bis zur Hüfte seitlich neigen. Die Hüfte bleibt gerade. Führen Sie die Übung langsam und bewusst aus.

- Wenn Sie in der Klasse umhergehen, stellen Sie sich vor, dass Sie von einem Faden am Kopf in die Höhe gezogen werden. Sie gehen ganz gerade und aufrecht und werden dabei immer größer. Diese Übung entlastet die Wirbelsäule besonders gut.

- Eine Übung mit der ganzen Klasse zwischendurch:
  Malen Sie mit der Nase in die Luft liegende Achten, mal rechtsherum und mal linksherum. Dies entspannt die Nackenmuskulatur, sodass das Blut wieder besser zum Gehirn fließen kann.

- Eine Sekundenübung: Wenn Sie stehen, dann verlagern Sie das Gewicht doch kurzzeitig auf die Außenkanten Ihrer Füße. Das ist gut für die Hüfte. Stellen Sie sich hinter Ihrem Pult öfter auf die Zehenspitzen. Das entlastet auch wieder die Wirbelsäule.

- Und noch eine Sekundenübung für die Augen:
  Wenn Sie längere Zeit die Augen nah fokussiert haben, weil Sie z.B. einem Schüler etwas erklärt haben oder lange gelesen haben, blicken Sie anschließend aus dem Fenster auf einen weit entfernt liegenden Punkt, bevor Sie sich dem nächsten Schüler zuwenden.
  Der Wechsel zwischen naher Fokussierung und entspannter Fernsicht trainiert hervorragend die Augen.

Sie sehen: Unterricht ist gesundheitsförderlich, wenn Sie ein paar Tricks kennen!

Richtig sitzen

Gönnen Sie sich statt des üblichen Lehrerstuhls doch einfach mal einen großen Sitzball. Passend für Ihre Größe entlastet er Ihre Wirbelsäule und trainiert durch die sanften schaukelnden Bewegungen die Konzentration und das Gleichgewicht. Sie können den Sitzball auch problemlos schnell zu einem Schüler mitnehmen oder sich einfach nach hinten in das Klassenzimmer setzen. Wenn Ihre Schüler Sie öfter an verschiedenen Positionen im Klassenzimmer wahrnehmen, erhöht dies gleichzeitig die Aufmerksamkeit.

Auf den Tischen Sonnenschein

Viele Schüler wissen gar nicht, wie gut sie sind und was sie schon alles gelernt haben. Manchmal kann man richtig beobachten, wie ein (präzises!) Lob Wunder bewirkt und die Schüler motiviert. Das verbessert natürlich wiederum das gesamte Klassenklima. Da Sie im Unterricht nicht ständig loben können (übermäßiges, willkürliches Loben erreicht nämlich genau das Gegenteil), verteilen Sie doch pro Tisch ein Lobkärtchen mit einem „Sonnenscheinspruch" wie:
„Alle an diesem Tisch arbeiten wirklich toll mit!",
„Das Lernen fällt euch heute leicht!" oder
„Ihr arbeitet ruhig und konzentriert. Super!".
Die Kärtchen dürfen ruhig einige Tage auf den Tischen liegen bleiben, damit der Blick der Schüler immer wieder darauffällt. Durch die Sonnenschein-Karten wird sich die Lernatmosphäre mühelos verbessern.
Schreiben Sie sich doch auch selbst Sonnenschein-Karten, die Sie auf Ihren Schreibtisch legen, wie: „Lehrersein ist prima!", „Heute gelingt mir alles!" oder „Ein Super-Tag für einen Super-Lehrer!".
Ihrer Fantasie sind dabei natürlich keine Grenzen gesetzt. Auch wenn Sie zunächst über Ihr Eigenlob schmunzeln müssen, bald wollen Sie die aufmunternden Worte nicht mehr missen.

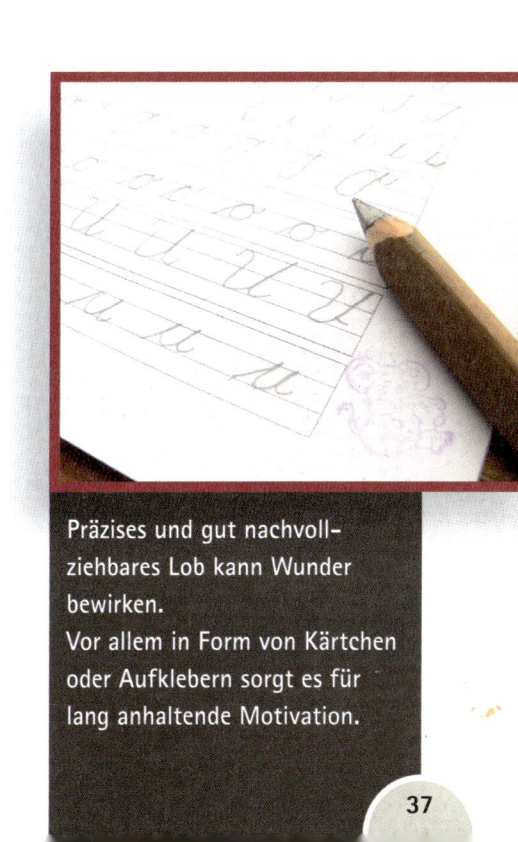

Präzises und gut nachvollziehbares Lob kann Wunder bewirken.
Vor allem in Form von Kärtchen oder Aufklebern sorgt es für lang anhaltende Motivation.

Mehr Grün im Unterricht

Eine wunderbare Erholung ist es, mal wieder ins Grüne zu blicken, sowohl für Sie als auch für Ihre Schüler. Befinden sich draußen kaum Grünflächen, dann müssen Sie das Grün eben ins Klassenzimmer holen.

Malen Sie in einer Kunststunde doch mit den Schülern selbst Tontöpfe mit Plakafarben an, oder gestalten Sie individuelle Übertöpfe aus Ton. Diese sind sowohl für jüngere als auch für ältere Schüler sehr leicht herzustellen. Denken Sie aber daran, dass sie noch lasiert werden müssen, damit überflüssiges Blumenwasser nicht in die Töpfe einzieht.

Besonders interessant ist es, wenn die Schüler Pflanzen in ihrer Entwicklung beobachten können. Pflanzen Sie statt Blumen doch einfach mal Gemüse in die Töpfe! Besonders gut eignen sich Radieschen, aber auch Tomaten, solange sie genug Sonne abbekommen. Wie wäre es mit frischem Salat oder sogar mit Rankpflanzen wie Bohnen oder Erbsen? Sie können im Frühjahr auch Sonnenblumen ziehen, die Sie dann später in den Schulgarten umpflanzen können. Ebenso gut geht es auch mit Tulpenzwiebeln.

Eine lustige Idee ist es auch, Übertöpfe mit Gesichtern zu bemalen.
In die Erde lassen Sie jeden Schüler einfach Grassamen säen, sodass schon bald viele „Haare" die Gesichter der Töpfe zieren.
Mögen Sie lieber den Süden und ein bisschen Urlaubserinnerung?
Dann pflanzen Sie doch Lavendel ein. Der darf später auch im Schulgarten weiterwachsen.

Verbringen Sie darüber hinaus möglichst viel Zeit mit den Schülern draußen. Es hebt die Stimmung enorm, wenn man im Sommer unter einem großen schattigen Baum lernen darf.

> Pflanzen und vor allem die Farbe Grün beruhigen und geben Sicherheit.

Dekorieren nach Mottos

Haben Sie ein bestimmtes Lieblingsmotto? Statt der üblichen Jahreszeitendekoration verwandeln Sie Ihre Klasse doch passend zu einem bestimmten Motto. Wie wäre es mit einem wilden Urwald?

Lassen Sie die Schüler Dschungelposter oder Bilder mitbringen, die sie zu einer Collage kleben können. Hängen Sie künstliches Efeu wie Lianen in einer Ecke auf. Vielleicht haben Sie sogar einen kleinen Zimmerspringbrunnen, den Sie aufstellen können. Passend zur aktuellen Jahreszeit, könnten Sie dann z.B. für St. Martin Urwald-Laternen basteln.

Oder wie wäre es mit einem wechselnden Farben-Motto? Wählen Sie hierfür Ihre Lieblingsfarbe oder eine Farbe, die Ihnen jetzt einfach guttut. Lassen Sie die Schüler Bilder in der entsprechenden Farbe und ihren Abtönungen malen, die Sie dann aufhängen. Kaufen Sie Stoff in Ihrer Lieblingsfarbe, den Sie beispielsweise als Vorhanghalter drapieren oder einfach lässig auf Regalen arrangieren.

Diese Farben können Sie natürlich immer wieder nach Ihrem eigenen Geschmack verändern. Manchmal tun solche Farbtupfer wirklich gut, besonders wenn man an einem trüben Herbsttag einmal wieder viel Orange oder sonniges Gelb um sich herum sehen kann.

Für die Winterzeit bieten sich auch Lichterketten an, die z.B. um eine Kunstpflanze gelegt werden. Gerade für Rituale wie den Morgenkreis erzeugen die vielen Lichter eine wunderschöne Stimmung. Achten Sie darauf, dass die Klassenraumgestaltung immer auch Ihnen selbst gefällt, schließlich halten Sie sich in der Klasse ebenso lange auf wie die Schüler.

Dekorationen machen sich besonders schön, wenn sie in den gleichen Farbtönen gehalten werden.

Freude mit der Glückspost

Ganz besondere Freude macht vor allem den Kindern die Glückspost. Hierzu nehmen Sie einen Schuhkarton mit Deckel, in den Sie wie in einen Briefkasten oben einen Schlitz hineinschneiden. Sicherlich helfen Ihnen einige Schüler, diesen Briefkasten noch besonders schön zu verzieren. Die ganze Woche über dürfen die Schüler Briefe und Zettelchen schreiben und – mit Absender und Adressat – in den Briefkasten werfen. Es gibt allerdings eine Bedingung: Es muss „Glückspost" sein! Man darf also nur positive Nachrichten schreiben. Das kann ein nettes Kompliment an ein anderes Kind sein, aber auch allgemeine positive Erfahrungen in der Woche. Vielleicht hat den Schülern etwas besonders gut im Unterricht gefallen, das sie mitteilen wollen.

Am Ende der Woche wird die Glückspost geleert und an die Adressaten verteilt, oder, wenn die Kinder das möchten, laut vorgelesen. Nehmen Sie ein wenig Einfluss auf die Gruppe, dass auch solche Schüler Post bekommen, die sonst eher weniger beachtet werden. Schreiben Sie Ihnen vielleicht auch selbst einen netten Brief! Die Schüler werden bestimmt begeistert sein, und das Klassenklima wird positiv gestärkt.

Echte Post verschicken und bekommen – immer noch ein großes Erlebnis für Kinder ...

Der „besondere" Tisch

Schaffen Sie eine besondere Ruheinsel im Klassenraum. Dies kann z.B. ein einzelner Tisch sein, der hübsch dekoriert ist, sodass er besonders einladend aussieht. Sie können eine Blume daraufstellen, eine hübsche Tischdecke oder eine Leuchtkugel darauflegen, die ihre Farben sanft wechselt. Wer an diesem Tisch sitzt (oder von Ihnen nach Bedarf dorthin gesetzt wird), hat das Privileg, wirklich ungestört und in Ruhe arbeiten zu dürfen. Sie merken schon: So können Sie unruhigen Schülern die Stillarbeit besonders schmackhaft machen, denn diese kommen nicht an den Tisch „zur Strafe", sondern sie dürfen auf der Ruheinsel arbeiten. Und das darf nicht jeder! So können Sie problemlos etwas anstrengende Schüler ohne große Aufregung bequem umsetzen. Davon profitieren die ganze Klasse und natürlich Ihre Nerven.

Auszeit im Zen-Garten

Ein Zen-Garten auf einem Backblech mit maritimer Dekoration ist ein echter Blickfang im Klassenraum.

Geht mal wieder gar nichts mehr? Alle Schüler sind durchgedreht, oder einzelne haben für ihre Wut gerade kein Ventil. Dann wird es Zeit für eine kleine Gartenarbeit im Klassenraum. Hier soll diesmal nicht in einem Beet aus Erde gewühlt werden (was sich im Klassenraum auch als schwierig erweisen dürfte), sondern die Schüler sollen für ein paar Minuten im Zen-Gärtchen zur Besinnung kommen.

Diese Oase braucht zwar etwas Vorbereitung, kann aber dann täglich verändert und gestaltet werden. Falls Sie einen Zen-Garten für die ganze Klasse anbieten wollen, nehmen Sie am besten ein großes Backblech, das Sie mit feinem Sand befüllen. Streuen Sie einige wenige hübsche Steine oder Muscheln hinein, und kaufen Sie eine kleine Harke für Topfpflanzen. Und so wird der Wut die Harke gezeigt:

Bevor Sie einen Schüler in die Nachbarklasse schicken oder sich eine sonstige Strafe für ihn ausdenken müssen, lassen Sie ihn lieber den Klassen-Zen-Garten bearbeiten. Hierzu soll der Schüler mit der Harke ein regelmäßiges Muster in den Sand ziehen. Je nach Stimmung können dies Kreise, Dreiecke, Linien oder andere Muster sein.

Ob im kleinen Schälchen oder im Großformat in der Natur:

Der Zen-Garten ist die ideale Entspannungs-Therapie.

Und das Tolle daran: Man kann das Muster jederzeit wieder wegwischen und neu gestalten. Nach ein paar Minuten wird der Kopf wieder frei, und die Emotionen haben sich beruhigt.

Als Alternative können Sie auch jeden Schüler ein eigenes Zen-Gärtchen gestalten lassen. Hierzu benötigt jeder den Deckel eines Schuhkartons, der mit Sand befüllt wird. Statt einer Harke können die Kinder auch einen breiten Pinsel benutzen.

Routine beruhigt

Natürlich bilden Sie sich regelmäßig fort und probieren gerne innovative Konzepte in Ihrem Unterricht aus. Aber manchmal beruhigt einfach auch die Routine. Genießen Sie den Erfolg von Abläufen, die für Sie stimmig sind, egal, ob sie gerade modern oder „pädagogisch wertvoll" sind oder nicht. Haben Sie auch den Eindruck, dass viele so genannte Experten aus der Schulpolitik ständig um jeden Preis etwas verändern müssen (was allerdings oft nur Stress verursacht)? Wenn Sie neue Methoden ausprobieren oder aktuelle Richtlinien umsetzen wollen, gehen Sie in kleinen Schritten voran, und überfordern Sie sich nicht. Denn niemand hat etwas davon, wenn Sie am Ende auf der Strecke bleiben. Was Ihnen guttut, behalten Sie bei. Und manchmal ist es eben die Routine, die einen dann wieder neugierig auf Experimente macht.

> *Hinterfragen Sie alle Neuerungen genau auf ihren Sinn, bevor Sie sich unter Druck setzen, alles sofort umsetzen zu müssen.*

Üben Sie Achtsamkeit!

Betreten Sie Ihre Klasse, als wäre es das allererste Mal.
Blicken Sie sich um. Was gefällt Ihnen gut? Was weniger? Würden Sie gerne etwas ändern, wenn Sie neu in diese Klasse kämen? Betrachten Sie auch die Schüler einmal ganz neu. Gerade, wenn der Lärmpegel steigt und der Unterricht leicht chaotisch wird, verfallen Sie nicht in Hektik, um alles wieder schnell in den Griff zu bekommen, sondern versuchen Sie, die Klasse völlig wertfrei zu betrachten.
Blicken Sie völlig neutral auf die Schüler, die sich unterhalten oder gerade nicht das tun, was sie sollen. Geben Sie sich selbst zwei Minuten, einfach nur, um zu beobachten. Dann können Sie immer noch entscheiden, ob Sie aus der Haut fahren wollen oder mit leiser Stimme etwas ankündigen. Die zwei Minuten tun aber meistens richtig gut, weil Sie schon etwas Abstand zum Geschehen bekommen. Manchmal sieht es geradezu witzig aus, dass überhaupt keine Ordnung herrscht.
Gönnen Sie sich die zwei Minuten, in denen Sie gerade einmal nicht verantwortlich sind. Erst danach handeln Sie.

> *Versuchen Sie einmal, eine unangenehme Situation zwei Minuten einfach nur zu ertragen und zu beobachten, ohne einzugreifen.*

Hand in Hand mit den Eltern

Wenn Sie mögen, spannen Sie ruhig die Eltern ein bisschen mehr ein. Gerade in der Grundschule sind viele Eltern wirklich begeistert, wenn sie gebraucht werden. Sie sammeln Bastelmaterial, helfen bei Festen oder Vorbereitungen. Sie können auch feste Zeiten einrichten, in denen einige Eltern mit Schülern auf dem Flur oder im Gruppenraum arbeiten.
So haben Sie mehr Zeit, die anderen Schüler zu fördern. Achten Sie aber darauf, dass Sie sich nicht von den Eltern überrollen lassen. Manche möchten auf einmal jeden Tag der Projektwoche mitgestalten oder haben ständig neue Vorschläge, denen Sie nicht nachkommen wollen oder können. Beziehen Sie deshalb die Eltern immer mit ein, wenn es Ihnen Erleichterung verschafft, ziehen Sie ansonsten aber klare Grenzen.

Ein Platz für Geschenke

Sie bekommen bestimmt im Laufe des Schuljahres viele selbstgebastelte Geschenke von Ihren Schülern. Manchmal sind es Briefe für die beste Lehrerin der Welt, manchmal Bilder oder andere Dinge.

Schön ist es für alle, wenn diese liebevoll hergestellten Sachen auch einen schönen Platz finden und somit gewürdigt werden. Hierzu können Sie hinter Ihrem Lehrertisch an der Wand eine Pinnwand oder eine Magnetwand anbringen. Hierbei kann auch der Hausmeister behilflich sein.
So kann nun jedes Geschenk entsprechend gewürdigt werden. Gleichzeitig sehen Sie auch jeden Tag, wie sehr die Klasse Sie mag. Das ist doch ein schönes Gefühl!
Stellen Sie aber auf jeden Fall klar, dass Sie auf keinen Fall Geschenke von den Kindern erwarten – die Aktion soll nicht in einen Wettstreit ausarten, wer die schönste Bastelei hergestellt hat.

Ein kleiner Rückzugsort: Der Lehrertisch

Wie auch immer Sie Ihren Arbeitsplatz gestalten: Sie müssen sich wohlfühlen!

Dekorieren Sie Ihren Lehrertisch doch auch einmal mit persönlichen Dingen. Vielleicht haben Sie einen Lieblingsspruch, eine schöne Postkarte oder eine besonders edle Box, in der Sie Ihre eigenen Stifte aufbewahren. Eine Pflanze sollte nicht fehlen. Schönes Material hebt ebenfalls gleich die Stimmung. Stellen Sie den Lehrertisch so auf, dass Sie sich wohlfühlen. Manche sitzen lieber vor der Klasse, manche aber lieber im hinteren Teil des Klassenraumes, sodass Sie eher unbemerkt die Schüler überblicken können.

Am gemütlichsten ist sicherlich eine Wand im Rücken. Das verhilft zu mehr Geborgenheit. Schließlich sollen nicht nur Ihre Schüler, sondern auch Sie selbst einen Platz haben, an dem Sie sich wohlfühlen. Halten Sie stets für sich selbst die wichtigsten Utensilien wie Stifte, Schere, Kleber, Klebeband, Büroklammern, Locher und Tacker bereit. Das garantiert ohne langes Suchen einen reibungslosen Ablauf.

Der fröhliche Freitag

Große Unternehmen machen es vor: den „Casual Friday". Während von Montag bis Donnerstag Anzug und Krawatte angesagt sind, dürfen es freitags auch schon mal Jeans und T-Shirt sein. Da Ihre Kinder ohnehin jeden Tag mit Jeans und T-Shirt kommen, brauchen Sie noch ein paar andere Ideen, um den letzten Tag der Woche locker ausklingen zu lassen.

Das mögen alle gerne: Veranstalten Sie jede Woche den fröhlichen Freitag. Reservieren Sie in der letzten Stunde die letzten zehn Minuten für fröhliche Auftritte. So ist jeder einmal Star der Woche. Vereinbaren Sie mit den Schülern schon rechtzeitig, wer diese Woche etwas vorträgt.

Das kann ein Witz sein, ein kleiner Sketch, ein lustiges Lied, eine tolle Tanzeinlage, ein Zauberstück und was den Schülern noch alles einfällt. Wenn die Schüler gut mitarbeiten, erhalten sie als Belohnung den fröhlichen Freitag schon etwas früher (die komplette letzte Stunde?). Schüchterne Kinder, die sich oftmals selten trauen, etwas zu präsentieren, sind erstaunlich mutig, wenn sie sich selbst eine Idee aussuchen dürfen. So starten sie gut gelaunt ins Wochenende!

Lockern Sie freitags ein paar Schulregeln, die nicht allzu wichtig für das Zusammenleben sind. Setzen Sie den fröhlichen Freitag als Belohnung für besonders gute Mitarbeit ein.

PAUSE!

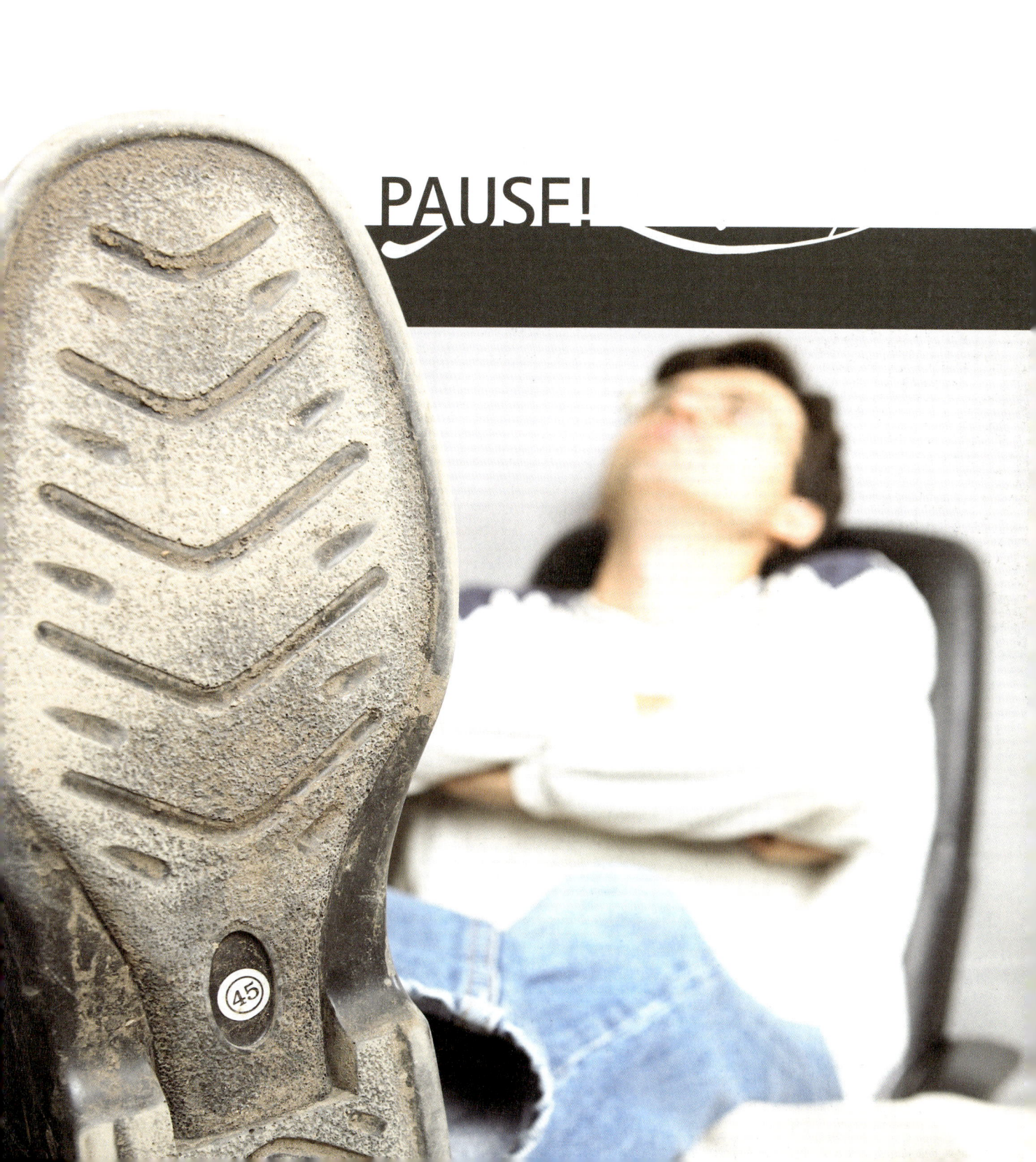

Achten Sie darauf, dass Ihre Pause auch wirklich Ihnen gehört!

Wirklich Pause?

„Eine richtige Pause gibt es eigentlich für mich gar nicht", klagt Johanna, Realschullehrerin. „Meistens kommen Schüler, die etwas abgeben oder wissen wollen, Kollegen möchten etwas ausleihen oder kurz etwas besprechen. Das mache ich auch gerne, aber manchmal hätte ich am liebsten meine Ruhe." Irgendetwas ist in der Pause immer zu tun: Arbeitsblätter kopieren, die nächste Stunde im Kopf noch einmal durchgehen, Aufsicht führen oder Fragen von Schülern und Kollegen beantworten. Selten kann man sich einmal ganz zurückziehen, um neue Kraft zu tanken.

Wie können Sie es besser machen?

Eine einfache Möglichkeit besteht z.B. darin, in der Pause einfach im Klassenraum der eigenen Klasse zu bleiben. Dort haben Sie Ihre Ruhe und können sich auch etwas zurückziehen. Falls Sie Fachlehrer sind, bleiben Sie im Raum der Klasse, in der Sie die letzte Unterrichtsstunde hatten. Aber so ganz gemütlich ist es dort auch meistens nicht. Wichtig wäre im Grunde ein echter Ruheraum für Lehrer, die wirklich nicht gestört werden wollen.

Genießen Sie noch einmal kurz die Ruhe vor dem Sturm ...

Ein echter Ruheraum

Einige Schulen haben bereits Ruheräume oder Ruhezonen eingerichtet. Wenn Sie in Ihrer Schule einen kleinen Raum übrig haben, können Sie Ihren Kollegen vorschlagen, diesen als Ruheraum zu gestalten. Vielleicht können Sie den Raum gemütlich einrichten, einige Sessel organisieren, Pflanzen aufstellen, Zeitschriften auslegen. Alles, was an die Schulpraxis erinnert, wird aus dem Raum entfernt.

Für viele ist ja ein kurzer Plausch zwischendurch auch schön, aber manchmal möchte man eben 20 Minuten völlig entspannen, die Augen zumachen und mit niemandem reden. In einigen Firmen gibt es dazu schon richtige Schlafräume für ein 15- bis 30-minütiges „Power Napping" (also ein Energie-Schlaf). Warum sollte das nicht auch in der Schule möglich sein? Deshalb sprechen Sie ruhig Ihre Kollegen auf das Thema an. Wahrscheinlich haben viele das gleiche Bedürfnis wie Sie.

Was aber tun, wenn sich partout keine Rückzugsmöglichkeit einrichten lässt? Erklären Sie zumindest das Lehrerzimmer zur schülerfreien Zone. Falls Schüler unbedingt in der Pause etwas abgeben müssen, können sie das in vorgesehene Ablagekörbe vor dem Lehrerzimmer. Alles andere kann im Grunde bis zur nächsten Stunde warten. Nur im wirklichen Notfall sollten Sie für die Schüler zu sprechen sein. Dies gilt auch für Anrufe der Eltern. Meistens werden sie vertröstet „bis zur Pause". Aber Pause ist nun einmal Pause! Sie müssen neue Kraft tanken.

Richten Sie lieber feste Elternsprechzeiten ein. Wenn es gar nicht anders geht, an einigen Tagen direkt nach dem Unterricht.

Auch wenn die Kollegen noch so lieb sind, sagen Sie ruhig: „Ich brauche mal zehn Minuten zum Abschalten!" Dafür wird jeder Verständnis haben.

Sieht etwas ungemütlich aus, aber Pause ist nun mal Pause!

In einem richtigen Ruheraum entspannen Sie sich etwas komfortabler …

Trinken nicht vergessen!

War alles mal wieder hektisch? Möchten Sie schnell und einfach zur Ruhe kommen? Dann gönnen Sie sich ein großes Glas mit frischem Wasser. Eine Wasserflasche tut's natürlich auch. Trinken Sie nun das Glas Wasser in einem Zug mit vielen langsamen Schlucken aus. Aus der Flasche sollten Sie mindestens zehn Schlucke nehmen. Durch das langsame Schlucken beruhigen sich die Nerven. Außerdem belebt das Wasser Ihren ganzen Körper.

Übrigens: Je mehr Flüssigkeit, desto stärker ist auch die Konzentration. Nehmen Sie sich am besten eine große Trinkflasche mit in die Schule, die mindestens 1,5 Liter umfassen sollte. Um aber ein wenig Abwechslung in das Wasser zu bringen, reichern Sie es doch mit einigen Spritzern Zitronen- oder Holundersaft an. Während Sie im Sommer wahrscheinlich eher kühles Wasser bevorzugen, nehmen Sie im Winter doch heißes Wasser mit. Das entschlackt sogar noch viel besser.

Kleine Refresher

Nach anstrengenden Stunden tut es gut, sich endlich wieder etwas erfrischen zu können. Auch eine kurze Pause reicht hier schon oft. Wenn Sie sich verschwitzt fühlen, halten Sie Ihre Handgelenke kurz unter kaltes Wasser. Das erfrischt in Sekundenschnelle.

Umgekehrt funktioniert es natürlich genauso: Wenn Sie eher frösteln, dann wärmen Sie Ihre Handgelenke unter lauwarmem Wasser auf. Sie können auch einen Sprühflakon benutzen und sich einfach etwas frisches Wasser ins Gesicht zerstäuben. Besonders erfrischend wirken Aromaöle, mit denen Sie kurz Ihre Handgelenke benetzen.

Bewährt haben sich folgende Aromaöle:
Lemongras wirkt durch seinen Zitronengeruch belebend und aktivierend, Lavendel beruhigt die Nerven und erinnert an die Provence, Jasmin entkrampft und inspiriert.

> * *Nehmen Sie während eines Schultags mindestens 1,5 Liter Flüssigkeit auf. Am besten eignen sich Tees oder Fruchtschorlen.*

Fitness-Food für zwischendurch

Welche essbaren Dinge findet man derzeit auf dem Tisch in Ihrem Lehrerzimmer? Kekse? Schokolade? Gummibärchen? Alles leckere Snacks für den schnellen Imbiss zwischendurch. Diese geben zwar kurzfristig einen Energieschub aufgrund des hohen Zuckergehalts, lassen aber den Blutzuckerspiegel anschließend auch schnell wieder sinken. Neuer Heißhunger droht. Und warum predigen wir eigentlich andauernd unseren Schülern, dass sie gesundes Frühstück mit in die Schule bringen sollen, wenn wir selbst wenig oder keinen Wert darauf legen?
Dabei können Sie auch mit wenig Aufwand Fitness-Food auf den Lehrertisch zaubern.
Mögen Sie es gerne süß? Dann nehmen Sie doch kleine Obstspieße mit in die Schule. Sie benötigen hierzu nur ein oder zwei Schaschlikspieße, die Sie, bunt gemischt, mit Obst der Saison bestücken: Apfel- und Orangenstückchen, Melone, Weintrauben, Erdbeer- und Birnenstücke. Mögen Sie es lieber tropisch? Dann verwenden Sie Mango, Granatapfel oder Ananas. Die meisten Früchte erhalten Sie übrigens auch im Winter. Wenn Sie möchten, nehmen Sie ein Schälchen ungesüßten Fruchtaufstrich mit, in den Sie den Spieß immer wieder eintauchen können. Verabreden Sie mit Ihren Kollegen, im Wechsel unterschiedliches Obst mitzubringen. Es ist doch schön, wenn man sich auf etwas Leckeres von anderen freuen kann.
Falls Sie es lieber herzhaft mögen – kein Problem. Wie wäre es mit Gemüse-Sticks aus Karotten, Gurken und Paprika und leckeren Dips? Die sind im Nu hergestellt und halten sich auch im Kühlschrank des Lehrerzimmers zwei Tage.

Hier finden Sie einige Rezepte für schmackhafte Dips:

Zerdrücken Sie den Schafskäse mit der Gabel. Schneiden Sie die Zwiebel in feine Stücke. Geben Sie den Käse und die Butter in eine Schüssel, und pürieren Sie die Mischung. Fügen Sie nun die Zwiebelwürfel hinzu und schmecken alles mit Salz und Pfeffer ab.

Griechischer Käse-Dip:
100 g Schafskäse, 1 kleine Zwiebel, 50 g Butter, 1 EL schwarze Oliven, Salz, Pfeffer

Kräuter-Eier-Dip:
100 g Magerquark, 50 g Jogurt, ½ Bund Schnittlauch, ¼ Bund Petersilie, etwas Dill, 1 hart gekochtes Ei, Salz, Pfeffer, Worcestersauce

Vermischen Sie den Magerquark mit dem Jogurt. Geben Sie den klein geschnittenen Schnittlauch, die gehackte Petersilie und etwas Dill hinzu. Pellen und würfeln Sie das Ei. Vermischen Sie nun alles und schmecken den Dip mit Salz und Pfeffer ab. Je nach Geschmack fügen Sie noch Worcestersauce hinzu. So erhält der Dip eine kräftige Note und sieht bereits farblich sehr würzig aus.

Süßer Obst-Dip:
100 g Naturjogurt, 3 EL Himbeersaft, 1 kleine Dose Ananas in Stücken, Zitronensaft, 50 g Himbeeren, etwas Honig

Vermischen Sie den Jogurt mit dem Himbeersaft. Lassen Sie die Ananasstücke abtropfen. Geben Sie 3 EL Ananassaft zu dem Jogurt. Vermischen Sie die Ananasstückchen und die Himbeeren mit dem Jogurt. Geben Sie einige Spritzer Zitronensaft hinzu. Rühren Sie alles zu einer cremigen Masse. Schmecken Sie den Obst-Dip mit etwas Honig ab.

Vermischen Sie die Majonäse, den Jogurt, die Cumberlandsauce, die Sahne und den Ketchup mit ein paar Spritzern Tabasco zu einer gleichmäßigen Masse. Schmecken Sie sie mit Salz, Pfeffer und Zucker ab. Wenn Sie mögen, können Sie noch etwas Weinbrand für den säuerlich-scharfen Geschmack hinzufügen. Wenn Sie auf Alkohol verzichten wollen, nehmen Sie stattdessen einige Spritzer Zitronensaft.

Klassische Cocktailsauce:
250 g fettarme Salatmajonäse 100 g Naturjogurt, 3 TL Cumberlandsauce, 4 EL Schlagsahne, 2 EL Ketchup, Tabasco, Salz, Pfeffer, Zucker, Weinbrand oder Zitronensaft

> Selbstgemachte Dips sind lecker und gesund – im Kühlschrank halten sie sich, gut verpackt, einige Tage.

Blitzschnell fit mit Mudras

Kennen Sie eigentlich Mudras? Dies ist eine Form der Akupressur, die man ziemlich schnell und einfach bei sich selbst durchführen kann – oft sogar unbemerkt. Ursprünglich stammen die Mudras aus Indien.

Genau wie an den Fußsohlen befinden sich auch an den Fingerspitzen viele Reflexzonenpunkte. Indische Yogis wissen das bereits seit Jahrhunderten und nutzen dieses Wissen, um bestimmte Punkte anzuregen, die mit verschiedenen Organen im Zusammenhang stehen. Sie können sich mit dieser Art „Finger-Yoga" blitzschnell entspannen und Energie tanken.

Folgende Mudra hilft besonders bei Stress:
Ertasten Sie die weiche Stelle auf dem Handrücken der linken Hand zwischen Daumen und Zeigefinger. Drücken Sie mit der rechten Hand ca. zehn Sekunden auf diese Stelle, lassen kurz locker und wiederholen das ganze mindestens dreimal. Wechseln Sie anschließend die Hände.
Noch einfacher geht es mit diesem Finger-Mudra:
Drücken Sie beide Daumen und Zeigefinger leicht für eine Minute aneinander. Das bringt im Nu frische Energie.

Eine weitere Variante:
Legen Sie die Spitzen von Daumen, Mittel- und Ringfinger aneinander. Spreizen Sie dabei den Zeige- und kleinen Finger ab. Halten Sie die Position mindestens eine Minute oder länger. Dies fühlt sich übrigens sehr bequem an. Diese Mudra entspannt und stärkt gleichzeitig das Selbstbewusstsein.

Sie können die Finger-Mudras zur Not auch unter dem Tisch durchführen, sodass niemand Ihre esoterischen Ausflüge bemerkt.
Aber vielleicht finden Ihre Kollegen ebenfalls diese Entspannungstechniken interessant. Sie können die Mudras nahezu überall anwenden: in der Pause, in Konferenzen, im Unterricht, im Bus und bei vielen weiteren Gelegenheiten. Einfacher geht es wirklich nicht. Probieren Sie es gleich aus.

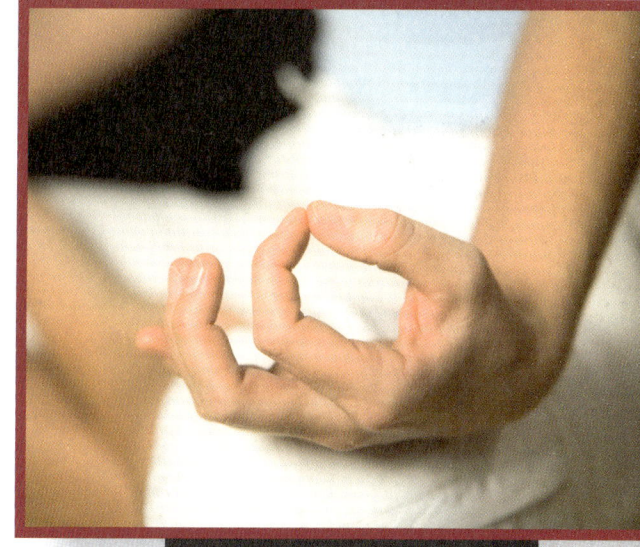

Die wohl denkbar einfachste und schnellste Entspannungstechnik:
Mudra oder Fingeryoga

Die Pausenaufsicht

Eine der unbeliebtesten Verpflichtungen des Lehrerdaseins ist wohl die Pausenaufsicht. Diese Aufgabe torpediert gnadenlos Ihr wohlverdientes Bedürfnis nach Ruhe und Entspannung in den kurzen 20 Minuten zwischen den Schulstunden.

Kaum sind Sie aus der Tür auf den Schulhof getreten, werden Sie wahrscheinlich schon von Heerscharen an Kindern überrannt:

„Mir ist kalt!", „Der Lukas hat mich getreten!", „Schau mal, da läuft einer aus der 4c auf der Straße rum!", „Ich hab meinen Schal verloren!", „Der Kevin raucht!" …

Sie können noch von Glück reden, wenn Sie nicht mindestens drei Verletzte behandeln müssen, einer davon mit blutender Platzwunde am Kopf.

Die Zeit geht zwar rasend schnell herum, aber effektiv für sich haben Sie die Pause nicht genutzt. Insofern ist das Wort „Pause" in diesem Fall für Sie auch nicht richtig. Es ist nach wie vor Arbeit, nur dass Sie nicht unterrichten, wohl aber erziehen.

> Nicht immer geht es während der Pause so ruhig zu – mit ein paar Tricks lässt sich die Pausenaufsicht aber erträglich gestalten.

Trotzdem haben Sie relativ gute Chancen, gerade aus dieser unbeliebten Situation doch noch das Beste für sich herauszuholen.

Der erste Vorteil, den Sie haben: Sie sind erst mal raus aus dem Mief. Nehmen Sie die frische Luft doch einmal ganz bewusst wahr. Atmen Sie mehrere Male tief ein und aus, und spüren Sie, wie Ihrem Körper die frische Luft guttut. Versuchen Sie, in einen regelmäßigen Atemrhythmus zu kommen, z.B. vier Schritte einatmen und wieder vier Schritte ausatmen. Das beruhigt!

Versuchen Sie es doch mit Mini-Fitness:

Reflexzonen-Massage:

Sie benötigen zwei kleine Handmassagebälle, die Sie bequem in die Jackentaschen stecken können. Diese Minibälle haben überall kleine Noppen, die zum einen die Hände gut durchbluten, zum anderen die vielen Reflexpunkte in der Hand anregen. Sie kennen sicherlich Fußreflexzonen-Massagen, die die Fußreflexzonen stimulieren. Diese spiegeln die Organe des Körpers wider, sodass durch die Massage einzelner Reflexpunkte z.B. die Nierentätigkeit, die Augen oder der Magen besonders angeregt und entspannt werden können.
Diese Reflexpunkte befinden sich auch in den Handinnenflächen und teilweise auch an den Außenflächen. Übrigens gibt es auch welche am Ohr.

Mit dem Massageball in der Jackentasche können Sie also ganz unbemerkt eine Mini-Massage genießen, die sehr erfrischt. Um Ihre Fußreflexzonen zu stimulieren, gehen Sie am besten über unebene Wege, also nicht nur auf dem asphaltierten Schulhof. Probieren Sie doch mal aus, wie es sich anfühlt, barfuß über Rindenmulch zu gehen, über einen Baumstamm zu balancieren oder auf Rasenkantensteinen auf und ab zu wippen. Niemand schreibt Ihnen vor, dass Sie ausschließlich in einem eng begrenzten Radius die Schüler beaufsichtigen müssen. Natürlich sollen Sie darauf achten, dass Sie noch alle Schüler im Blick haben.

Bewegungspause mit den Schülern:

Fühlen Sie sich auch manchmal etwas einsam, wenn Sie Pause haben? Irgendwie ist niemand so richtig zum Reden da. Warum nutzen Sie nicht die Zeit, um Ihre Schüler einfach etwas besser kennenzulernen?
Gerade zu schwierigen Schülern können Sie hier einen viel zwangloseren Kontakt knüpfen. Beobachten Sie, was die Schüler gerade tun. Vielleicht stellen Sie sich einfach zu einer Gruppe dazu und fragen die Kinder etwas, was überhaupt nichts mit der Schule zu tun hat.

Laufen Sie in der Pause einfach mal ein paar Minuten barfuß über die Wiese ...

Reflexzonen-Massagen können Sie ganz unbemerkt mit kleinen Massagebällen in der Jackentasche durchführen.

Der Ortswechsel macht viele Schüler gesprächiger als in Erzählrunden im Klassenzimmer. Außerdem erleben die Schüler Sie so auch einmal von einer anderen Seite. Falls Sie mögen, können Sie sich vor allem mit jüngeren Schülern in Bewegung halten. Vielleicht schlagen Sie ein gemeinsames Ballspiel oder Versteckspiel vor. Die Schüler werden es zu schätzen wissen, dass Sie sich „privat" mit ihnen beschäftigen. Außerdem kommen Sie selbst ganz spielerisch zu ein bisschen Bewegung. Und wenn Sie nicht mehr wollen, geben Sie die „Spielleitung" einfach an ein Kind ab.

Warum nicht einmal Privatgespräche mit Schülern führen, die man sonst nur aus „fachlicher" Sicht betrachtet?

Mini-Gymnastik

Machen Sie doch beim gemütlichen Schlendern ein bisschen Mini-Gymnastik. Ballen Sie hierzu ganz bewusst Ihre Fäuste, als wenn Sie richtig wütend wären. Denken Sie hierzu vielleicht an eine Situation, die Sie in der Schule erlebt haben und die Sie wütend gemacht hat.

Pressen Sie nun Ihre Fäuste fest zusammen, und lassen Sie sie dann ganz los. Spreizen Sie Ihre Finger, und schütteln Sie sie aus, so, als würden Sie alle Wut loslassen und abschütteln.

Wenn Sie möchten, spannen Sie auch andere Muskelgruppen wie Arme, Oberschenkel, Po etc. für einige Sekunden abwechselnd ganz fest an und lassen wieder locker. Wiederholen Sie diese Methode der progressiven Muskelentspannung so lange, bis Sie sich besser fühlen.

So können Sie sogar während der ungeliebten Aufsicht einige Erholungsmomente genießen.

* Mit progressiver Muskelentspannung bauen Sie blitzschnell Anspannung ab.

Wellness im Lehrerzimmer

Wellness im Lehrerzimmer?

Michael hält sich nicht gerne im Lehrerzimmer auf:
„Auf den Tischen türmen sich alte Papiere, an der Pinnwand hängen unnötige Werbezettel. Es wirkt eher wie eine Durchgangsstation, aber nicht wie ein gemütlicher Raum, in dem man zur Ruhe kommen und sich entspannen kann."
Leider wird das Lehrerzimmer immer noch sehr vernachlässigt. Es wird zu oft als Ablageplatz missbraucht. Kein Wunder, dass sich hier niemand gerne länger aufhält. Dabei könnte es ein Ort der Ruhe und Erholung sein, wenn man es nur richtig einrichten und pflegen würde.

An manchen Gegebenheiten können Sie zumindest vorläufig nichts ändern, wenn kein Geld da ist, um etwa neue, helle Möbel zu kaufen. Falls Sie das Glück haben, das Lehrerzimmer komplett neu einrichten zu dürfen, dann überlegen Sie vor allem besonders gut bei der Farbwahl der Möbel, der Tapete und des Teppichbodens. Am besten eignen sich warme Beige- oder Holztöne, kombiniert mit dezent-hellem Grün oder einem sanften Blau, das Klarheit vermittelt.
Wenn Sie das bestehende Mobiliar erst einmal so hinnehmen müssen, dann helfen Ihnen folgende Tipps sicherlich weiter:

So viel Platz werden Sie im Lehrerzimmer nicht haben – versuchen Sie trotzdem, einen kleinen Bereich zur Wohlfühlinsel zu machen, in dem sich keine Blätter stapeln.

Pflanzen zaubern Atmosphäre

Auch mit geringen finanziellen Mitteln sorgen Pflanzen für eine entspannte Atmosphäre. Hierbei muss es nun wirklich nicht immer der berühmte Ficus benjamini sein. Zaubern Sie stattdessen doch lieber etwas Karibik-Feeling mit einer Palme oder einer größeren Kübelpflanze.
Den Jahreszeiten entsprechend, verbreiten im Frühling kleine Topfhyazinthen oder Narzissen auf den Tischen fröhliche Stimmung. Im Sommer ist eine bunte Gerbera schön, die auch in den Sommerferien problemlos mit nach Hause genommen werden kann. Dekorieren Sie im Herbst mit Astern und im Winter mit Weihnachtssternen. Bis auf die Weihnachtssterne können sogar alle Tischpflanzen nach draußen umgetopft werden. Sie können hierzu auch ein entsprechendes Beet anlegen, das vom jahreszeitlichen Rhythmus erzählt.

Ein Kräutergarten – nicht nur für die Küche

Nicht nur in der heimischen Küche erfreut sich ein kleines Kräutergärtchen großer Beliebtheit. Es eignet sich auch besonders gut für das Lehrerzimmer. Die ätherischen Öle der Kräuter erfrischen und beruhigen Sie sofort. Und so ein Kräuterbeet auf der Fensterbank riecht auch besonders gut. Und so geht's: Kaufen Sie in Absprache mit Ihren Kollegen einige Kräuterpflanzen. Besonders hübsch sehen sie in originell verzierten Tontöpfen aus. Achten Sie beim Kauf darauf, welche Kräuter es lieber sonnig oder eher halbschattig mögen. Falls Sie sich mal wieder ausgepowert fühlen, pflücken Sie sich ein Blättchen ab und zerkauen es ganz langsam. Genießen Sie den frischen Geschmack, denn für jede Stimmung ist ein Kraut gewachsen:

- **Basilikum ...**
  kommt ursprünglich aus Indien, wird aber meistens mit italienischen Gerichten in Verbindung gebracht und oft mit Tomaten und Mozzarella gegessen. Basilikum besitzt aber eine besondere antiseptische Wirkung und verhilft zu mehr Lebendigkeit. Es hellt richtig die Stimmung auf.

- **Minze ...**
  ist vor allem für einen frischen Atem bekannt. Sie wird vor allem für Kaugummis und Zahnpasta benutzt, hilft aber auch bei Übelkeit.

- **Melisse ...**
  kann man wunderbar als Tee trinken oder damit baden. Auf der Zunge schmeckt Melisse leicht zitronig und vertreibt Kopfschmerzen, Nervosität und Stress. Sie fühlen sich behaglich und viel friedlicher.

- **Petersilie ...**
  wird hauptsächlich mit der Küche assoziiert. Außer dem typischen Geschmack verhilft Petersilie zu mehr Konzentration und vertreibt ganz schnell viele sorgenvolle Gedanken.
  Ausprobieren!

So ein Kräutergarten im Lehrerzimmer macht schon was her ...

Sie dürfen!

Ohne schlechtes Gewissen! Die Schokoladentafel öffnen, die Sie schon den ganzen Tag anlacht. Am besten mit hohem Kakaoanteil von etwa 70%. Kakao enthält das Glückshormon Serotonin. Und von dem können Sie vor der letzten Stunde bestimmt einiges gebrauchen.
Deshalb gönnen Sie sich ein paar Hormone (so kann man Schokolade essen auch nennen). Es muss ja nicht gleich die ganze Tafel sein.

... nur ein winzig kleines Stückchen ...

Kunterbunte Saftbar

Bestücken Sie das Lehrerzimmer doch mit einer kunterbunten Getränkebar! Wie wäre es mit einer Saftbar, an der sich jeder nach Bedarf erfrischen oder sich leckere Fruchtschorlen mixen kann?
Der Aufwand ist eigentlich ziemlich gering: Jede Woche bringt jeder Kollege eine Flasche Saft seiner Wahl sowie eine Flasche Mineralwasser mit. Je ausgefallener die Sorten, desto besser. Wie wäre es mit Mango-, Maracuja- oder Kirsch-Johannisbeer-Saft? Stellen Sie die Flaschen gut sichtbar und erreichbar auf, sodass sich jeder einfach bedienen kann. Ganz nebenbei achten Sie darauf, genug Flüssigkeit zu sich zu nehmen.

Knabbern Sie sich durch!

Natürlich ist es schön, wenn im Lehrerzimmer kleine Knabbereien stehen. Aber bitte nicht die üblichen Süßigkeiten, die nur kurzfristig den Blutzucker nach oben treiben! Gönnen Sie sich hier lieber gesunde Knabberartikel. Wie wäre es mit dem bekannten, aber immer wieder leckeren Studentenfutter? Oder stellen Sie Schälchen mit verschiedenem Trockenobst wie Apfelringe, Birnenstücke, Feigen oder Sultaninen auf. Geben Sie am besten einen großen Löffel hinzu, sodass jeder sich etwas auf die Hand nehmen kann.

Mit einer gut ausgestatteten Saftbar verbringen Sie sogar den Nachmittag noch gerne in der Schule.

Lehrerbücherei – schnell und effektiv

Während Schülerbüchereien oft besonders liebevoll gestaltet und eingerichtet werden, fristet die Lehrerbücherei meistens ein Schattendasein. In den Regalen der Lehrerzimmer stapeln sich meterweise Ansichtsexemplare verschiedener Schulbücher, hier und da findet man unbeschriftete und halb gefüllte Ordner. Höchste Zeit für einen gemeinsamen Aufräumtag mit dem ganzen Kollegium! So gestalten Sie innerhalb von wenigen Stunden eine komplett übersichtliche und ansprechende Lehrerbibliothek:

Ordnen Sie die Literatur im Lehrerzimmer nach Jahrgangsstufen und Schulfächern.

- Entsorgen Sie alle alten Staubfänger und Material, das noch die alte Rechtschreibung enthält.

- Ordnen Sie alle Schulbücher und Kopiervorlagen nach Fächern und Jahrgangsstufen. Diejenigen Bücher, die an Ihrer Schule nicht zum Einsatz kommen, werden meistens auch gar nicht angesehen. Deshalb können diese Schulbücher – wenn überhaupt – in den untersten Regalen gelagert oder gleich weggeworfen werden. Verwenden Sie Trennwände und farbige, beschriftete Klebezettel, um ein Wiederfinden auf einen Blick zu gewährleisten.

- Ordnen Sie die restliche Literatur nach Fachgebieten (z.B. „Unterrichtsmethoden", „Organisationshilfen", „Portfolio-Arbeit", „Kinderliteratur"). Sortieren Sie die diejenigen Materialien in Augenhöhe ein, die Sie am häufigsten benutzen.

- Verstauen Sie alle anderen Bücher, von denen Sie sich noch nicht trennen möchten, in einen verschlossenen Karton.

- Wenn Sie in der Ordnungs-Arbeit richtig aufblühen, erstellen Sie doch Schritt für Schritt ein Katalogverzeichnis. Geben Sie die Daten direkt in den PC ein, und drucken Sie sie als Karteikarten aus. Stellen Sie einen Karteikasten mit der Aufschrift „Bestand" und einen mit „Ausgeliehene Bücher" auf. Jeder, der sich ein Buch ausleiht, trägt seinen Namen und das Datum auf die entsprechende Karteikarte ein und stellt sie in den Karteikasten „Ausgeliehene Bücher". So weiß jeder genau, wer welches Buch gerade ausgeliehen hat, und kann denjenigen gezielt ansprechen, falls man es selbst dringend benötigt.

Eine systematische Bibliothek einzurichten, verursacht zwar erst mal ein wenig Arbeit, Sie werden aber den Vorteil schon bald zu schätzen wissen.

Elterngespräche – kurz und knapp

Elterngespräche, Elternabende, Elternarbeit allgemein – wohl eine der größten Belastungen des Lehrerberufs. Eine kleine Rechnung:
Wenn Sie 25 Schüler haben, deren Eltern zum Elternsprechtag kommen, und Sie jedem 15 Minuten widmen, müssen Sie schon über sechs Stunden einplanen. Gnadenlose Überziehungen und Pausen noch nicht einberechnet. Auch wenn Sie diese über zwei bis drei Tage verteilen – immer noch eine echte Mammutsitzung.

Alle Eltern wollen natürlich etwas Gutes über ihr Kind hören. Heben Sie deshalb, trotz berechtigter Kritik, immer zuerst die positiven Seiten hervor. Sie können hierzu die „Sandwich-Taktik" anwenden, indem Sie das Gespräch mit einem Lob beginnen, dann ihre Kritik äußern und zum Ende wieder ein Lob aussprechen. Verknüpfen Sie Lob und Kritik möglichst nicht mit dem Wörtchen „aber".

„Es ist schön, dass du schon besser mitarbeitest, aber du könntest dich noch öfter melden." Hierbei geht das Lob völlig unter und wird gar nicht mehr wahrgenommen. Versuchen Sie es doch mal so:

„Es ist schön, dass du in letzter Zeit besser mitarbeitest, und ich freue mich drauf, dass du dich in Zukunft noch mehr meldest."

> Lassen Sie sich nicht zu sehr vereinnahmen – Elterngespräche sind Arbeitszeit, auch wenn die Eltern das oft anders wahrnehmen.

Hier bleibt das Lob bestehen und wird auch vom Empfänger bewusst als Lob wahrgenommen. Positives Feedback ist wie ein Geschenk.

Die meisten Eltern freuen sich, wenn sie einmal in Ruhe mit Ihnen plaudern können. Doch draußen warten schon die nächsten.
Was also tun, wenn das Gespräch gar nicht enden will?
Probieren Sie doch einmal folgende Verabschiedungstechniken aus:

Stehen Sie auf und sagen etwas wie: „Es hat mich sehr gefreut, dass wir so viele positive Punkte festhalten konnten. Ich freue mich schon auf die kommende Zusammenarbeit mit Ihnen."
Führen Sie die Eltern zur Tür, und verabschieden Sie sich.

Oder sagen Sie:

„Wir haben jetzt eine mögliche Lösung gefunden, die in der nächsten Zeit überprüft werden kann. Sollten Schwierigkeiten auftauchen, melde ich mich bei Ihnen. Aber ich denke, wir sind auf einem guten Weg."

Viele Eltern nehmen gar nicht wahr, dass es sich bei dem – aus ihrer Sicht netten – Plausch um Ihre Arbeitszeit handelt.
Achten Sie also darauf, dass Sie nicht rund um die Uhr zur Verfügung stehen.

Viele Eltern rufen auch schon mal gerne sonntags um neun Uhr abends an. Setzen Sie hier auf jeden Fall Grenzen! Jeder andere Dienstleister wie ein Arzt oder Rechtsanwalt hat auch Sprechstunden und wird danach nicht mehr gestört. Wenn Sie Ihre Telefonnummer den Eltern geben, dann erklären Sie ihnen, bis wann und vielleicht sogar an welchen Tagen Sie zu sprechen sind.
Am besten legen Sie eine wöchentliche Sprechstunde nach dem Unterricht fest, zu dem die Eltern spontan erscheinen dürfen.
Lehnen Sie jede andere Beratung zu anderen Zeiten ab.
Ihre private Telefonnummer geben Sie am besten überhaupt nicht raus.
Sie haben ein Recht auf Ihre Freizeit!

> Sonntagabend, 20.45 Uhr
>
> „Cedric konnte seine Hausaufgaben für morgen nicht machen, weil wir das ganze Wochenende unterwegs waren!"
>
> Kommt Ihnen bekannt vor, oder?

Gib-und-nimm-Kartei

Profitieren Sie im Kollegium voneinander, indem Sie sich gegenseitig Materialien und Wissen anbieten.

Haben Sie tolle Unterrichtsideen, besonderes Material zu einem Thema, würden einfach mal gerne Hilfe anbieten oder benötigen nächste Woche dringend jemanden zur Unterstützung? Dann ist eine Gib-und-nimm-Kartei genau das Richtige für Ihr Kollegium. Dieses Prinzip wird bereits erfolgreich in vielen Büros praktiziert. Doch im Lehrerzimmer bietet es sich besonders an.

Sie benötigen hierfür zwei Karteikästen: einen Gib- und einen Nimm-Kasten. Jeder, der Lust hat mitzumachen, schreibt auf die Karteikarten für den Gib-Kasten, was er gerne für andere anbieten möchte.
Das kann das Ausleihen von interessanten Büchern oder Materialien sein, Beratung bei speziellen Problemen, Hilfe am Computer usw.
Jeder sollte nur diejenigen Dinge anbieten, die er wirklich gerne vermitteln oder ausleihen möchte. Es soll schließlich für alle Spaß machen.

In die andere Kartei schreibt jeder Kollege seine Wünsche. Was brauchen Sie gerade? Vielleicht besitzt jemand zufällig das Fachbuch, nach dem Sie schon lange suchen, vielleicht hat ein Kollege Lösungen für ein bestimmtes Problem oder kennt jemanden, der Ihnen helfen könnte.
Die Wünsche und Angebote der Gib-und-nimm-Kartei dürfen und sollen natürlich mit der Zeit wachsen. Immer, wenn ein Kollege etwas Neues gelernt hat, z.B. auf einer Fortbildung war, sollte er sein Wissen in der Gib-Kartei für andere anbieten.
Schreiben Sie auf jede Karteikarte den Namen und das Datum.
Hat sich ein bestimmtes Problem für alle erledigt, entfernen Sie die Karte wieder. So bleibt die Kartei immer in Bewegung.

Es macht auch einfach Spaß, darin zu stöbern, da immer neue Angebote und Wünsche gelesen werden können. Ein weiterer Vorteil: Sie kommen öfter miteinander ins Gespräch und erfahren viel über die Stärken und das Potenzial Ihrer Kollegen.

Achtung: Bitte bedenken Sie, dass Sie Bücher und Unterrichtsmaterialien zwar verleihen, aber nicht kopieren dürfen. Das Recht zum Kopieren für den Eigenbedarf erwirbt nur der Erstbesitzer eines Buches.

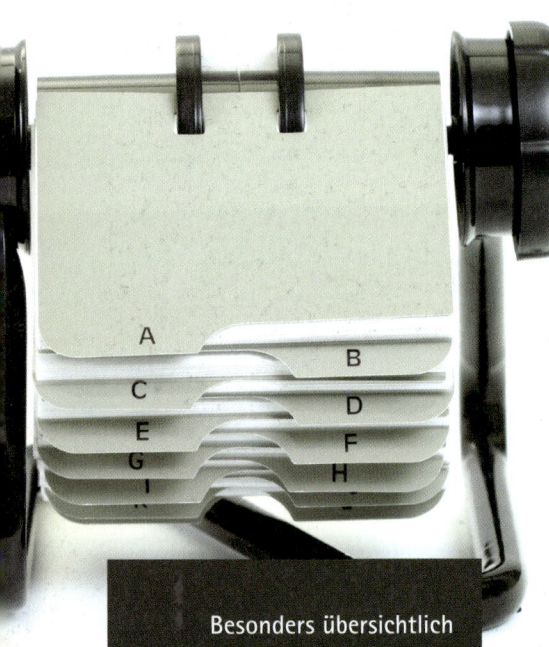

Besonders übersichtlich sortieren Sie die Karteikarten mit einer Schreibtisch-Rollkartei.

Unterrichtsvorbereitung: Basics

Heutzutage werden Informationen oft in Form von Modulen angeboten: Man sucht sich diejenigen Bausteine aus, die man zur Erreichung eines bestimmten Ziels braucht, und fügt sie nach Bedarf zusammen.
Deshalb erhalten Sie hier Tipps zur effizienten Unterrichtsplanung als Basismodul (kurz und gut) sowie als Kompaktmodul für alle, die eine umfangreichere Unterrichtsplanung vorziehen:

Baustein 1:

Erstellen Sie am besten zum Schuljahresbeginn einen ganz groben Zeitplan für Ihre Unterrichtsthemen. Dieser Plan sollte wirklich sehr großzügig bemessen sein, damit Sie sich später nicht selbst unter Druck setzen, falls die eine oder andere Unterrichtseinheit doch etwas länger oder auch kürzer dauert. Hilfreich ist solch ein Plan aber, damit Sie (und Vertretungslehrer in Ihrer Klasse) sich orientieren und sich im turbulenten Alltagsgeschäft nicht immer wieder mit umfangreichen Themenfindungen beschäftigen müssen.

Am besten kopieren Sie sich hierfür aus einem Kalender eine Jahresübersicht im DIN-A3-Format. So haben Sie genügend Platz für Ihre Eintragungen. Für jedes Fach, das Sie unterrichten, sollten Sie sich eine separate Jahresplanung gönnen. Vielleicht stimmen Sie diese mit Ihren Kollegen ab. So sind Sie gerade in Hauptfächern, was z.B. Klassenarbeiten betrifft, immer auf der sicheren Seite – denn die anstehenden Arbeiten können Sie gleich mit eintragen. Praktisch hierbei: So geraten Sie und Ihre Schüler nicht in Zeitnot, haben aber natürlich die Möglichkeit, stets flexibel zu reagieren.

Wenn Sie sich mit Kollegen zusammensetzen, sollten Sie nach Möglichkeit nicht länger als eine Stunde zur Erstellung der Jahresplanung benötigen – dies gilt übrigens auch, wenn Sie die Jahresplanung alleine eintragen. Falls Sie sich schon mitten im Schuljahr befinden, stellen Sie einfach eine Planung für die restlichen Monate auf – auch dies erleichtert noch ungemein.

Holen Sie Ihre Kollegen zur Jahresplanung ins Boot – Sie profitieren gegenseitig voneinander.

Baustein 2:

Nun reicht es eigentlich, wenn Sie immer die nächsten ein bis zwei Unterrichtseinheiten wiederum grob nach Stundenanzahl skizzieren.

Wie viele Stunden werden Sie wohl für die Einheit „Strom" benötigen? Wenn Sie sich vorsichtig für acht bis zehn Stunden entscheiden, haben Sie Ihren Rahmen schon gut abgesteckt. So wissen Sie, dass Sie zwei bis drei Stunden für den Einstieg benötigen, etwa fünf Stunden für den eigentlichen Hauptteil und noch etwa zwei bis drei Stunden für den Abschluss, Tests und Unvorhergesehenes.

So haben Sie in kurzer Zeit (manchmal sogar schon in wenigen Minuten) eine hilfreiche Struktur, die Sie in Ruhe mit Inhalten füllen können.

Baustein 3:

Erarbeiten Sie nun konkret die ersten zwei bis drei Stunden, die Sie in die Einheit einführen wollen. Die restlichen Stunden arrangieren Sie dann wieder flexibel.

Unterrichtsvorbereitung: Kompakt

Baustein 1:

Genau wie in der Unterrichtsvorbereitung Basics.

Baustein 2:

Planen Sie auch hier die Unterrichtseinheit wie im Basics-Baustein 2. Überlegen Sie schon im Vorfeld, welche Ziele Sie erreichen wollen und welches Material Sie benötigen (z.B. selbsterstellte oder bereits vorhandene Arbeitsblätter, bestimmtes Anschauungsmaterial).

Verteilen Sie die Unterrichtsziele und den Materialbedarf auf die einzelnen Stunden.

> Archivieren Sie Ihre Unterrichtsmaterialen nach einem einheitlichen System, damit Sie auch Ihre vor Jahren aufwändig erstellte Unterrichtseinheit wiederfinden.

Baustein 3:

Erarbeiten Sie konkret die ersten zwei bis drei Stunden, die Sie in die Einheit einführen, sowie die letzten zwei bis drei Stunden, in denen beispielsweise die Ergebnisse präsentiert, eine Abschlussarbeit geschrieben werden sollen. So haben Sie während der gesamten Einheit Ihr Unterrichtsziel stets gut im Blick, sind aber während der Einheit flexibel, um besondere Stunden zu gestalten.

Ergänzungstipps:

Wenn Sie Unterrichtseinheiten zusammen mit Ihren Kollegen planen, schreiben Sie nach Möglichkeit die gleichen Klassenarbeiten. Tauschen Sie Testvorlagen mit parallel unterrichtenden Kollegen aus, und verabreden Sie mit ihnen, dass jeder im Wechsel für die anderen die Testvorlagen erstellt. Sammeln Sie diese in einem Ordner, sodass Sie bei Bedarf immer wieder darauf zurückgreifen können.

Sammeln Sie Material und Unterrichtseinheiten in einem Materialfundus, auf den jeder Kollege bei Bedarf Zugriff hat und in den natürlich auch jeder Unterrichtsvorbereitungen einstellen sollte (siehe auch S. 73).
Am besten legen Sie hierzu für jedes Fach und jede Altersstufe einen eigenen Ordner an und schaffen eine Übersicht der Themen durch Registerblätter.

Lassen Sie in Ihren Vorbereitungen immer etwas Zeit für Dinge, die Sie spontan einschieben können – wie Diskussionen bei Klassenproblemen, Absprachen für Projektwochen oder Belohnungszeit für Spiele.

Alle Schüler lieben Filme. Nutzen Sie diese Motivation für spannende Reportagen und Infosendungen zu Ihrem Unterrichtsthema. Falls Sie die Möglichkeit haben, durch ein Medienzentrum Filme bestellen zu können, nutzen Sie diesen Service rechtzeitig, sodass Sie den Film auch wirklich pünktlich haben. Nutzen Sie auch die Möglichkeiten Ihrer Stadtbibliothek. Hier gibt es sehr oft interessante Sach-, Kinder- und Jugendspielfilme zu besonderen Themen.

Strukturieren Sie den Unterricht so, dass die Schüler langfristige Ziele haben, auf die sie selbstständig hinarbeiten. Ein gut vorbereiteter Unterricht ist hier mehr als die sprichwörtliche „halbe Miete". Im Idealfall sind Sie selbst während des Unterrichts nur noch Beobachter und „Lernhelfer" und können sich ziemlich zurückhalten. Das schont Ihre Energiereserven ungemein.

---

5. Wellness im Lehrerzimmer

Archivieren Sie erfolgreiche Unterrichtsvorbereitungen und sortieren Sie die Materialien nach Fächern und Jahrgangsstufen.

In einem gut vorbereiteten Unterricht müssen Sie kaum noch eingreifen – die Schüler arbeiten völlig selbstständig.

So strukturieren Sie langweilige Konferenzen

„Nicht schon wieder eine Konferenz!"
Wer denkt das nicht, wenn mal wieder Konferenzen oder Dienstbesprechungen anstehen? Aber warum sind sie eigentlich so unbeliebt? Hier die Hitliste der „Konferenz-Killer":

- Zeitvorgaben fehlen ganz. So weiß niemand, wie lange denn die Konferenz dauern soll.
- Zeitvorgaben sind zwar im Prinzip vorhanden, werden aber gnadenlos überschritten nach dem Motto: Wir müssen in Ruhe über alles sprechen.
- Niemand weiß so richtig, um welche Themen es überhaupt geht, sodass auch keine Vorbereitung möglich ist. Erst in der Konferenz beginnen die Teilnehmer, zu überlegen.
- Es gibt immer „Vielredner", die sich gerne selbst reden hören und selten freiwillig zum Ende kommen.

Was können Sie selbst nun tun, damit Sie einerseits nicht einschlafen, andererseits aber zum Ziel kommen? Hier ist vor allem Teamwork gefragt. Bitten Sie Ihre Schulleitung im Vorfeld um einen kurzen Themenplan, damit jeder weiß, worum es geht. Am besten wäre es, bestimmte Fragestellungen zu formulieren, damit sich jeder schon einmal Gedanken machen kann. Ein Beispiel könnte folgendermaßen aussehen:

Dienstbesprechung am 10.02. von 15.30–16.30 Uhr

1. Planung des Schulfestes:
   Termin Schulfest: Sa, 22.05.2010, 9.30–14.00 Uhr
   Zusammensetzung der Steuergruppe
   Klassen 1/2: Verpflegung; Klassen 3/4: Spiele
   Einplanung freiwilliger Helfer

2. Neugestaltung des Kletterbereichs auf dem Schulhof:
   Budget: 250 €, drei Konzepte liegen in den Konzeptmappen im Lehrerzimmer, Alternativvorschläge im Rahmen des Budgets erwünscht!

Kaffee gegen Einschlafen bei Konferenzen? Besser sind klare Besprechungs-Ziele und eine übersichtliche Agenda.

→ Themenvorschläge für die nächste Dienstbesprechung am 03.03. bitte in beiliegenden Themenplan eintragen.

Je kürzer und übersichtlicher die Dienstbesprechungen sind, desto besser. Wenn die Zeitvorgabe wirklich eingehalten wird, können Sie sich für den späteren Nachmittag noch etwas vornehmen.

Falls Sie lieber weniger, aber dafür längere Dienstbesprechungen bevorzugen, bietet es sich an, bereits im Vorfeld Kleingruppen zu bilden, die bereits einige Themenschwerpunkte erarbeiten. In der späteren gemeinsamen Sitzung stellen die Kleingruppen ihre Ergebnisse vor, und alle stimmen über die Entscheidungen ab. Bringen Sie sich – je nach Ihren Stärken und Vorlieben – in einen bestimmten Kompetenzbereich ein. Es muss nicht immer jeder die gleiche Arbeit machen. Planen Sie immer mindestens zehn Minuten für eine weitere Stoffsammlung ein, die allerdings ein anderes Mal besprochen werden soll. So wissen alle schon im Vorfeld, welche Themen gerade wichtig sind.

Sie haben nun eine visualisierte Tagesordnung und auch entsprechende Zeitangaben? Wie gehen Sie im Kollegium nun gemeinsam vor, damit daraus nicht wieder eine uneffektive Plauderstunde wird?

Oftmals ist es so, dass die Schulleitung immer auch als Moderator agiert. Stellen Sie dieses Prinzip doch einfach mal auf den Kopf: Schlagen Sie vor, dass von Konferenz zu Konferenz nicht nur der Protokollführer durchwechselt, sondern auch immer jemand anderes moderiert.
Dessen Rolle sollte aber dann wirklich nur die des Moderators und nicht noch die des Streitschlichters sein.

Weiterhin benötigen Sie noch einen Zeitwächter, der darauf achtet, dass die einzelnen Agenda-Punkte wirklich eingehalten werden.

Ganz wichtig: Zu Beginn der Sitzung sollte jeder Teilnehmer eine Mini-Reflexion geben, welche der vorausgegangenen Ziele bereits ansatzweise oder auch komplett umgesetzt wurden. Dies fehlt nämlich leider in den meisten Konferenzen. Es werden zwar immer neue Probleme aufgegriffen, die tollen Lösungen und auch die viele Mühe, die schon hinter kleinen Erfolgen steckt, werden oft vergessen.

Achten Sie darauf, dass Sie sich um kurzfristige und auch langfristige Ziele kümmern. So können Sie sich schon bald gemeinsam über die ersten Erfolge freuen.

Nutzen Sie die individuellen Stärken und Kenntnisse der Teilnehmer.

Wenn jeder für sein „Spezialgebiet" die Verantwortung übernimmt, wird die Konferenz viel effektiver.

Falls Sie mal ins Stocken geraten sollten bei der Ideenfindung:
Hier sind zwei außergewöhnliche Methoden, die garantiert weiterhelfen:

Die Rolle-rückwärts-Technik

Was müssen Sie tun, um diesen Anblick in Ihrer Klasse genießen zu können?

Mit dem Umkehrschluss kommen Sie durch die Rolle-rückwärts-Technik immer zu guten Lösungen.

Hierbei geht es darum, Ideen spiegelverkehrt zu formulieren, um neue Perspektiven zu gewinnen. Diese Technik ist sehr witzig und fördert das spielerische Umgehen miteinander. Angenommen, Sie möchten, dass die Schüler aufmerksamer im Unterricht mitarbeiten. Anstatt sich zu überlegen, wie dies gelingen könnte, machen Sie die „Rolle rückwärts" und überlegen, wie Sie es schaffen, dass die Schüler möglichst gelangweilt und unaufmerksam sind.

Vielleicht kommen Sie dabei zu folgenden Vorschlägen:
Der Unterricht sollte möglichst viele lange Lehrermonologe enthalten. Die Schüler sollten sich ausschließlich mit ihren Büchern und langweiligen Arbeitsblättern beschäftigen. Sie dürfen beim Lernen nur auf ihrem Platz sitzen bleiben. Den Kindern sollte das Ziel ihrer Tätigkeit verheimlicht werden. Jeder darf nur für sich lernen. Wahrscheinlich fällt Ihnen hierzu noch viel mehr ein ...

Nachdem Sie die Antworten gesammelt haben, formulieren Sie diese nun für Ihr ursprüngliches Problem um: Wie schaffe ich es, dass die Schüler möglichst aufmerksam im Unterricht mitarbeiten? Wenn Sie mit Ihren Antworten eine Rolle rückwärts machen, erhalten Sie folgende Ergebnisse: Es sollten möglichst wenige Lehrermonologe gehalten werden. Ihr Redeanteil sollte kurz und präzise sein. Formulieren Sie leicht verständlich das Ziel der Stunde. Die Schüler sollen selbstständig mit spannendem Material arbeiten dürfen. Zur Unterstützung brauchen sie interessante, differenzierte Arbeitsblätter zusätzlich zu den Lehrbüchern. Die Schüler lernen besser durch Bewegung. Sie arbeiten in verschiedenen Sozialformen wie Partner- und Gruppenarbeit ...

Schon haben Sie eine Problemlösung gefunden. Das Beispiel ist bewusst einfach gewählt, denn natürlich wissen Sie, wie Sie einen ansprechenden Unterricht gestalten. Die Rolle-rückwärts-Technik ermöglicht aber auch bei komplexen Problemen ein einerseits überraschendes, andererseits aber auch sehr zielorientiertes Vorgehen.

Die Disney-Technik

Eine weitere Methode, um sehr schnell zu effektiven Lösungen zu kommen, ist die so genannte „Disney-Technik". Walt Disney entwickelte und benutzte sie, um in Besprechungen der Fantasie und Kreativität keine Grenzen zu setzen. Sie haben es garantiert schon einmal erlebt:

Sie haben eine ganz tolle, etwas abgefahrene Idee, die auf den ersten Blick ziemlich unrealistisch erscheint, aber durchaus eine neue Perspektive eröffnet. Sofort bricht allerdings seitens der Kollegen ein Proteststurm los, ohne, dass jemand Ihre Idee auch nur kurz weitergedacht hätte:
„Weißt du, was das kostet?", „Wie soll das denn bitte funktionieren?", „Machen wir lieber weiter wie bisher!", „Das kannst du bei unseren Eltern vergessen ...".
Auf diese Weise sind viele zarte Ideenpflänzchen gar nicht erst groß geworden. Disney erkannte das Problem der ewigen Skeptiker und entwickelte hierzu eine besondere Ideenstrategie:

Lassen Sie zunächst die „Träumer" an den Start. Hier darf alles gesagt werden, was überhaupt möglich und natürlich auch unmöglich ist. Alle Ideen werden ohne Einwand gewürdigt und gesammelt.
In der nächsten Phase dürfen dann die „Kritiker" loslegen. Sie hinterfragen und zerpflücken die Ideen der Träumer. Damit nun aus Träumern und Kritikern eine Synthese gebildet werden kann, erscheinen als Letztes die „Realisten". In dieser Phase werden – möglichst von allen zusammen – Lösungen konzipiert, die zu aller Zufriedenheit umgesetzt werden können.

An den unterschiedlichen Phasen sollen nach Möglichkeit alle beteiligt sein. Die gleichen Personen, die in der ersten Phase die Utopien gesammelt haben, dürfen in der zweiten Phase ihre eigenen Aussagen auch kritisieren. Das sorgt für eine gute Selbstreflexion.

Bei der Disney-Technik dürfen Sie einwandsfrei utopische Ideen äußern.

Die Kritiker müssen sich zunächst noch zurückhalten.

Alternative Konferenz-Orte

Wer bestimmt eigentlich, dass Konferenzen und Dienstbesprechungen immer im Lehrerzimmer stattfinden müssen? Gerade in kleineren Kollegien können Sie sich wunderbar auch einmal außerhalb des Schulgebäudes treffen – vielleicht in einem netten Café oder, wenn es etwas ruhiger sein soll, in einem separaten Raum im Restaurant. Wie wäre es mit einem Picknick auf der Wiese im Sommer? Gerade in neuen Umgebungen bekommen Sie viel häufiger neue Ideen.

Falls Sie ein größeres Kollegium haben, bilden Sie doch Kleingruppen zu verschiedenen Themen, die sich bei einem gemeinsamen Spaziergang treffen. Später präsentieren Sie dann vorbereitet dem gesamten Kollegium Ihre Ergebnisse.

Gehen Sie doch zur Dienstbesprechung einmal ins Restaurant. In anderer Atmosphäre kommen Sie viel schneller auf gute Ideen.

Extra-Tipp: Denken Sie immer daran, positive Ziele zu formulieren, die realistisch zu erreichen sind. Würdigen Sie auch kleine Erfolge. Wenn der Lehrerberuf schon von außen zu wenig Anerkennung einbringt, sollten Sie sich zumindest gegenseitig öfter mal loben.

Gemeinsam kochen und essen

Eine warme Mahlzeit mittags strukturiert Ihren Tag und gibt Kraft für die Aufgaben am Nachmittag.

Manchmal lässt es sich nicht vermeiden, dass Wartezeiten zwischen Unterricht und Konferenzen, Fortbildungen oder anderen Veranstaltungen entstehen. Das Fahren nach Hause lohnt sich meist gar nicht. Wenn Sie aber nicht den ganzen Tag nur kalt essen wollen, überlegen Sie doch, ob nicht abwechselnd jemand etwas Vorgekochtes von zu Hause mitbringt, was Sie nur schnell in der Schule aufwärmen müssen. Das können ganz einfache Gerichte wie eine Reis- oder Nudelpfanne mit Gemüse sein. Ein warmes Mittagessen hebt auf jeden Fall deutlich die Stimmung. Wenn Sie sich reihum abwechseln, ist der persönliche Aufwand ziemlich gering.

Jeder ist ein Coach

Als besonders erfolgreich haben sich an vielen Schulen pädagogische Besprechungen erwiesen. Keine Angst: Nicht schon wieder Mehrarbeit, sondern Stressabbau. Hier geht es auch nicht um die neuesten Lerntheorien oder KMK-Vorgaben, sondern um die ganz alltäglichen Probleme, die im Unterricht oder mit Eltern anfallen. Solch eine Besprechung sollte natürlich immer freiwillig sein.

Beim pädagogischen Coaching sind alle Teilnehmer gleich kompetent, denn jeder hat sicherlich schon eine Vielzahl anstrengender Situationen erlebt, die dann auch irgendwie gemeistert wurden. Wie schön wäre es aber gewesen, wenn Sie hier Rückendeckung bekommen würden oder sich einfach mal aussprechen könnten – und zwar mit Menschen, die ähnliche Probleme haben.

So geht es auch Sybille, Grundschullehrerin:
„Der Unterricht macht mir wirklich Spaß, aber in meiner Klasse habe ich so ein paar Schüler, mit denen ich einfach nicht klarkomme. Sie stören ständig und sind kaum zu bändigen. Ich habe schon viele Bücher gelesen zum Umgang mit schwierigen Schülern, aber so richtig klappt es einfach nicht. Ich wüsste gerne, ob es anderen Kollegen auch so geht. Ich möchte das Thema aber nicht so offen ansprechen, weil ich Angst habe, dass andere mich für inkompetent halten."

Sybille hatte aber den Mut, eine kleine Coaching-Gruppe ins Leben zu rufen. Es nahmen zwar nur vier Kollegen teil, aber der Anfang war gemacht. Folgende Vorgehensweisen wurden vereinbart:

- Die Coaching-Gruppe vereinbart einen festen, regelmäßigen Termin, der immer eingehalten wird.

- Gegenseitiges Vertrauen und Verschwiegenheit nach außen ist sehr wichtig. Niemand wird wegen seiner Probleme verurteilt.
  Was in der Gruppe besprochen wird, verbleibt in der Gruppe!

- Die Coaching-Gruppe startet mit einer Blitzlicht-Runde.
  Die Teilnehmer erzählen kurz, wie es ihnen geht und ob etwas Besonderes vorgefallen ist.

Nicht verzweifeln! Durch pädagogisches Coaching helfen Sie sich im Kollegium gegenseitig zu Lösungen.

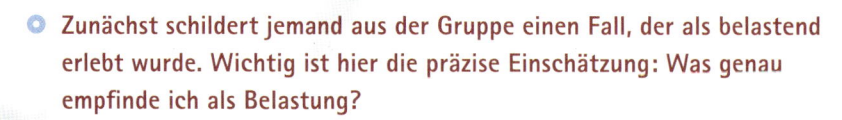

- Zunächst schildert jemand aus der Gruppe einen Fall, der als belastend erlebt wurde. Wichtig ist hier die präzise Einschätzung: Was genau empfinde ich als Belastung?

- Anschließend werden die eigenen Kompetenzen dargestellt:
  Wie gehe ich mit solchen Problem um?
  Wichtig: Eigene Kompetenzen sind grundsätzlich immer vorhanden!

- Nun darf sich auch die Gruppe äußern. Wem ging es schon einmal ähnlich? Wie wurde dem Problem begegnet? Wie würden Sie im speziellen Fall reagieren?

- Aus den angebotenen Handlungsmöglichkeiten suchen Sie nun ein oder zwei Alternativen aus, die im nächsten Unterricht ausprobiert werden können.

- Falls möglich und gewünscht, bietet sich auch eine kollegiale Hospitation im Unterricht an. Sie sollte auf jeden Fall auf Basis von gegenseitigem Vertrauen und gegenseitiger Wertschätzung stattfinden.

- In der nächsten Coaching-Sitzung wird nochmals kurz reflektiert, inwieweit sich die Situation verändert und vor allem auch gebessert hat.

Sybille ist durch ihre Coaching-Gruppe viel selbstbewusster geworden:
„Ich freue mich, dass ich wirklichen Rückhalt durch die Kollegen habe und vor allem mit meinen Problemen nicht mehr allein dastehe. Anderen geht es oft ähnlich. Nur hat sich keiner so richtig getraut, darüber zu sprechen, weil man immer dachte, alle anderen haben schon alles im Griff. Haben sie aber gar nicht. Die Schule macht mir jetzt wieder mehr Spaß."

Coaching-Gruppen können Sie in jeder Schulform bilden, auch in großen Kollegien. Hier finden sich bestimmt einige nette Kollegen, die Ihnen sympathisch sind, um eine kleine Coaching-Gruppe einzurichten.
Es tut einfach gut, wenn man weiß, dass man zusammen schwierige Situationen meistern kann.

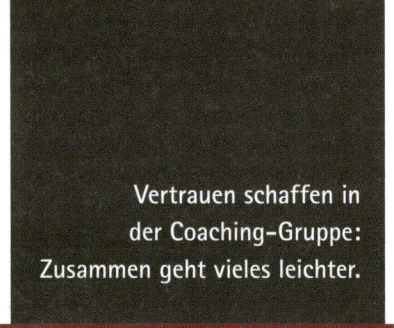

Vertrauen schaffen in der Coaching-Gruppe:
Zusammen geht vieles leichter.

Kostenloser Materialfundus

Das kennen Sie auch: Jeder wurschtelt so vor sich hin und bearbeitet letztlich sehr ähnliche Unterrichtseinheiten, die die Kollegen schon im letzten Schuljahr durchgeführt haben. Das ist viel zu viel Arbeit. Richten Sie doch mit Ihren Kollegen einen Materialfundus ein. Da sich die meisten Themen laut Lehrplan sowieso wiederholen, müssen Sie doch nicht immer wieder das Rad neu erfinden. Unterstützen Sie sich lieber gegenseitig. Erstellen Sie zu jedem Fach und nach Jahrgangsstufen sortiert mehrere Materialordner mit den entsprechenden Themenschwerpunkten. Jeder, der dieses Thema schon einmal bearbeitet hat oder glaubt, dass bestimmte Stunden gut gelungen sind, kann hier sein selbsterstelltes Material für alle einheften – vielleicht sogar mit Hinweisen, wo es weiteres Anschauungsmaterial gibt.

Der Austausch von vorbereiteten Unterrichtseinheiten erleichtert die Arbeit erheblich.

Gemeinsame Regeln

Besonders Fachlehrer bemängeln oft, dass manche Klassen nur schwierig zur Ruhe zu bringen sind. Die Schüler wissen natürlich, dass Fachlehrer oft nicht den gleichen autoritären Stellenwert haben wie ihr Klassenlehrer, und nutzen das gnadenlos aus. Deshalb sprechen Sie sich untereinander ab, welche Regeln bei den jeweiligen Klassenlehrern gelten.
Woher sollen Sie auch wissen, dass nur der Regenstab wirklich als Ruhesignal angesehen wird, während Sie selbst die Hand heben (was aber in dieser Klasse bedeutet, dass die Stunde bald zu Ende ist)?

Deshalb sind hier gemeinsame Absprachen wichtig. Noch leichter wird es, wenn Sie als Klassenlehrer die geltenden Regeln für Ihre Klasse aufschreiben und gut sichtbar für den folgenden Fachlehrer auf den Tisch legen oder aufhängen. Lassen Sie Ihre Kollegen das Gleiche tun.
So müssen Sie sich nicht von Klasse zu Klasse alle Regeln merken, sondern es reicht ein kurzer Blick auf das Regelplakat. Das bedeutet schon eine enorme Entlastung!

Damit sich alle an die Klassenregeln halten können, müssen sie erst einmal jedem bekannt sein ...

Mentoring schafft Vertrauen

Eine persönliche Bezugsperson hilft beim Einstieg in einer neuen Schule.

Viele Kollegen, die neu an eine Schule kommen, finden oft, dass sie sich ziemlich alleingelassen fühlen, so auch Silvia, eine Gesamtschullehrerin:
„Alle waren wirklich nett zu mir, aber ich habe die ersten Wochen überhaupt nicht verstanden, wie alles wirklich läuft und wer überhaupt für was zuständig ist. Erst nach und nach habe ich es dann zufällig mitbekommen. Ständig fragen wollte ich auch nicht, weil alle so beschäftigt wirkten."

Silvia hätte sich zumindest für die erste Zeit eine Mentorin oder einen Mentor an ihrer Seite gewünscht. Jemanden, der als fester Ansprechpartner an ihrer Seite gestanden hätte, um sich auch menschlich an der neuen Schule etwas aufzuwärmen. Doch auch „alte Hasen", die mal wieder fachfremd unterrichten müssen, würden sich freuen, wenn sie eine feste Bezugsperson hätten. Sprechen Sie doch einfach mal wieder Ihre Kollegen an, ob Sie nicht von Ihren fachlichen Qualifikationen profitieren dürfen. Das freut sicherlich die meisten.

Blitzschnelle Fortbildungen

Halten Sie sich gegenseitig auf dem neuesten Stand über aktuelle Themen und Strömungen.

Würden Sie auch gerne häufiger Fortbildungen besuchen, haben aber einfach nicht die Zeit dafür, um alles mitzumachen, was Sie interessiert? Dann führen Sie doch „Blitzfortbildungen" ein. Sie dauern höchstens fünf bis zehn Minuten und funktionieren folgendermaßen:
Einmal im Monat am Anfang der Dienstbesprechung berichtet jemand, der gerade frisch von einer Fortbildung gekommen ist, über die Inhalte, die ihm besonders in Erinnerung geblieben sind. Es geht hierbei nicht so sehr um die eigene Meinung dazu, sondern wirklich nur um die Fakten.
So gewinnen alle einen schnellen Einblick in das Thema. Besonders sinnvoll ist es, wenn die Einladung zur Fortbildung mit Themen und Literaturliste in einem Ordner abgeheftet wird. Alle Kollegen sind dadurch auf dem neuesten Stand und haben neue Ansprechpartner für künftige Themen.

Das hilft schnell!

— Bei Stress, Kopfweh und Co.

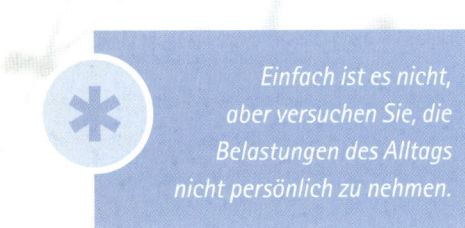

Wie Sie wissen, gehört der Lehrerberuf zu den anstrengendsten Tätigkeiten überhaupt. Die meisten Lehrer empfinden jedoch nicht das Unterrichten selbst als Stress, sondern vielmehr die kleinen und auch großen Tätigkeiten, die eben mal nebenbei durchgeführt werden müssen.
Schnell entsteht das Gefühl, niemals richtig Feierabend zu haben …

So berichtet auch Susanna, eine Grundschullehrerin:
„Wenn ich nach der Pause in die Klasse komme, findet oft noch eine Prügelei statt, oder alle Kinder beschweren sich gleichzeitig, wer sie auf dem Schulhof geärgert hat. Bis wir das alles geklärt haben, vergehen oft bereits zehn Minuten. Vor einigen Tagen musste ich zwei richtige Kampfhähne trennen, die sich besonders wüst beschimpft hatten. Ich war bereits innerlich auf 180 und kam gar nicht mehr richtig runter."

> *Einfach ist es nicht, aber versuchen Sie, die Belastungen des Alltags nicht persönlich zu nehmen.*

Nach außen hat sich Susanna kaum etwas anmerken lassen, aber innerlich hat sie der Vorfall noch lange beschäftigt. Doch zum Glück gibt es einige Techniken, wie Sie die innere Balance schnell wiederfinden können.

Hier eine Mini-Übung: Stellen Sie sich selbst eine Situation vor, die Sie in der letzten Zeit sehr aufgeregt und belastet hat. Betrachten Sie sich noch einmal selbst von außen, wie Sie dagestanden haben, und spüren Sie Ihren Körper. Fühlen Sie, dass sich Ihre Muskeln sehr angespannt haben? Vielleicht haben Sie Ihre Schultern hochgezogen oder die Zähne fest zusammengebissen? Sie haben eine Schutz- oder Verteidigungshahnhaltung eingenommen, weil Sie Gefahr und Stress gespürt haben.

> **Wenn Ihre Nerven am seidenen Faden hängen, ist es höchste Zeit für die folgenden Entspannungstechniken.**

Die Tipps und Tricks auf den folgenden Seiten helfen Ihnen, Ihre Balance und Entspannung im Alltag wiederzufinden …

Entspannung in Sekunden

- Entspannen Sie Ihren Kiefer! Am besten tun Sie so, als ob Sie kauen würden. Merken Sie etwas? Je mehr Sie Ihren Kiefer bewegen und lockern, desto lockerer werden Sie auch selbst.

- Gähnen Sie! Wenn Sie künstlich zu gähnen beginnen, stellt sich der echte Gähnreflex bald von selbst ein. Hier wird ebenfalls besonders der Kiefer, aber auch der ganze Kopfbereich entspannt, und Sie fühlen sich gleich viel ausgeglichener. Gähnen sorgt übrigens auch für eine besonders intensive Tiefenatmung.

- Schütteln Sie Ihre Hände und Arme aus! Das können Sie prima unbeobachtet hinter dem Lehrertisch machen. Stress kann sich nämlich sehr gut in Bewegung entladen – so ähnlich wie ein Fluchtreflex.

- Stellen Sie sich Ihre Lieblingslandschaft vor! Visualisieren Sie einen Ort, an dem Sie gerne sind – vielleicht ein gemütlicher Platz in der Hängematte, vielleicht aber auch auf einer sonnigen Alm.

- Sagen Sie bei anhaltenden Störungen laut „Stopp!". Die Schüler reagieren oftmals verblüfft, wenn nur diese einzelne Anweisung kommt. Bleiben Sie bei dem „Stopp!", und lassen Sie sich auf keine weiteren Diskussionen ein. Die Regel, dass alle Handlungen dann sofort eingestellt werden, sollten Sie vorher mit Ihren Schülern üben.

- Machen Sie gemeinsam 60 Sekunden Pause! Alle Schüler sitzen an ihrem Platz und legen den Kopf für 60 Sekunden auf den Tisch, ohne ein Geräusch zu machen. So haben Sie eine Minute Zeit, wieder einen klaren Gedanken zu fassen.

- Sprechen Sie kurz und ehrlich mit Ich-Botschaften über Ihre Gefühle! Die Schüler werden große Achtung vor Ihnen bekommen, wenn Sie zu Ihren Gefühlen stehen und z.B. ganz offen sagen, dass Sie sich gerade genervt fühlen und Kopfschmerzen haben.

Gönnen Sie sich die Erste-Hilfe-Erholung, damit sich der Stress nicht in Ihrem Körper staut, sondern wieder abfließen kann. Diese winzigen Momente können schon einiges bewirken.

Auch die Vorstellung von sich selbst in der Hängematte kann schon entspannen ...

Stressabbau kompakt

Im Lehrerberuf ist es wichtig, Stress und oft auch Kränkungen langfristig abzubauen. Wie oft gehen Sie über Verletzungen hinweg, obwohl Sie noch Tage danach daran denken?

So wird manchen Kollegen mal eben gesagt: „Also meinen früheren Lehrer fand ich aber viel besser", „Sie haben aber einen komischen Pulli an" oder „Das ist heute wieder langweilig.".

Natürlich gibt es sehr viel Schönes aus Ihrem Alltag zu berichten, worüber Sie sich jeden Tag freuen können. Genau darauf sollten Sie auch Ihren Fokus lenken. Dennoch sind manche Kränkungen nicht ganz leicht zu vergessen – dies können auch unbeabsichtigte Kränkungen von Kollegen sein. Was können Sie also tun?

Bevor Sie nun anfangen zu grübeln: „Warum passiert das immer mir?", „Warum sind alle gegen mich?" oder „Wie soll ich das aushalten?", stellen Sie sich lieber Fragen, die produktiv sind.

So könnten Sie beispielsweise folgender Spur nachgehen:

- Was funktioniert gerade gut?
- Wer arbeitet gerne mit mir zusammen?
- Was will der andere eigentlich mit seinem Verhalten mir gegenüber erreichen?
- Wie kann ich dem anderen zeigen, dass mir sein Verhalten nicht gefällt?
- Wie könnte ich die Situation klären?
- Was kann ich aus der zunächst negativen Situation Positives herausziehen?
- Welche Qualitäten habe ich?

Weniger grübeln – mehr Selbstvertrauen bitte!

Selbstakzeptanz

In Stresssituationen verhält man sich nicht immer so, wie man es eigentlich möchte. Manchmal geht einfach alles schief, und hinterher denken Sie: „Ich hätte alles anders machen müssen." Wichtig ist aber auch hier, dass Sie sich selbst und Ihre Handlungen akzeptieren.

Für den Moment haben Sie die richtige Entscheidung getroffen.

Stressbild

Wenn Sie eine Situation wirklich sehr gestresst hat, dann legen Sie sich zu Hause einen Moment hin und atmen erst einmal tief durch. Wenn Sie sich ganz ruhig fühlen, stellen Sie sich die Situation noch einmal in allen Einzelheiten vor. Nehmen Sie nun eine „imaginäre Kamera", und fotografieren Sie den Höhepunkt der Stresssituation. Betrachten Sie dieses Foto eine Weile. Dann nehmen Sie eine imaginäre Schere und zerschnipseln das Bild in viele Teile, wobei jedes Teil sich allmählich in Luft auflöst.
Wenn Sie Ihr ganzes Foto zerschnipselt haben und nichts mehr davon übrig ist, stellen Sie sich nun vor, wie die Situation im optimalen Fall verlaufen wäre. Auch diese fotografieren Sie nun wieder. Erfreuen Sie sich daran, wie positiv diese Situation ausgegangen ist. Rahmen Sie sich dieses Bild imaginär ein, und betrachten Sie es. Sie werden sich viel gelassener fühlen.

Gedanken beruhigen

Nach der Schule versucht Ines zwar häufig zu relaxen, aber die Gedanken schwirren ständig um schulische Probleme. Es fällt ihr richtig schwer, einmal völlig abzuschalten. Eine tolle Lösung hat sie mit der „Gedanken-Stopp-Technik" erzielt.
So geht's: Immer, wenn Ines wieder einmal ihren negativen Gedanken nachhängt, überlegt sie kurz, ob sie konkret in diesem Moment etwas an der gedachten Situation ändern kann. Falls nein, sagt sie zu sich selbst laut: „Stopp!" Sie könnte sich das Wort „Stopp" natürlich auch denken oder sich eine rote Ampel vorstellen. Anschließend denkt sie sofort an etwas sehr Schönes, auf das sie sich freut, z.B. einen Kinobesuch am Wochenende oder ein leckeres Abendessen. So lenkt Ines ihre Gedanken um und gebietet ihnen Einhalt.

Falls Sie sich später dennoch mit den problematischen Themen beschäftigen wollen, reservieren Sie eine feste Grübelzeit, z.B. von 17.30 – 18.00 Uhr. Vielleicht benötigen Sie dann sogar gar nicht mehr so viel Zeit. Aber dieser Grübeltermin verhilft Ihnen, tagsüber den Kopf frei zu haben.

Es geht doch ...

Man muss nicht immer fröhlich sein!

Jederzeit gute Laune ausstrahlen? Kritik möglichst sachlich bewältigen? Bei den Schüleräußerungen über den Dingen stehen, auch wenn sie Ihnen nahegehen? In Konferenzen immer geduldig sein?

Manchmal kann es passieren, dass Sie einfach richtig schlechte Laune bekommen. Das Ungesündeste wäre es, sie über einen längeren Zeitraum einfach wegzudrücken und künstlich lächelnd weiterzumachen.

Auf Dauer merken das Ihre Kollegen sowieso, und es hilft Ihnen auch nicht wirklich weiter. Deshalb: Gönnen Sie sich einfach mal richtig schlechte Laune. Sie müssen ja nicht gleich jeden mit den Zähnen anfletschen, aber Sie dürfen schon zu Ihren Kollegen und auch Schülern sagen:
„Heute bin ich nicht in guter Stimmung. Bitte verschont mich heute mit besonderen Wünschen" oder „Sprecht mich bitte heute nur an, wenn es unbedingt notwendig ist".

Wenn Sie sich Ihre schlechte Laune auch „offiziell" erlauben, verbessert sie sich meistens schon in wenigen Minuten. Ansonsten verbringen Sie eben einfach den Schultag etwas ernster als sonst.

Wahrscheinlich werden Sie für Ihre Authentizität eher mehr Respekt als Ablehnung ernten. Also, nur Mut! Ihr Launepegel wird sicher wieder steigen.

Auch die Körperhaltung hilft Ihnen bei einem Stimmungstief weiter, denn der Körper drückt aus, was Sie fühlen, und umgekehrt.
Probieren Sie doch einmal folgendes Experiment aus:

Fühlen Sie sich richtig ausgelaugt und total gestresst? Beobachten Sie Ihre Körperhaltung. Fällt Ihnen etwas auf? Vermutlich sind Sie in sich zusammengesunken. Sinken Sie noch etwas weiter zusammen, ziehen die Schultern hoch und blicken auf den Boden. Wahrscheinlich fühlen Sie sich noch etwas schlimmer. Aber Sie wollen ja genau das Gegenteil erreichen.

Stellen Sie sich richtig gerade hin wie ein König. Schauen Sie klar geradeaus und schreiten in diesem Bewusstsein durch den Klassenraum. Sie wissen um Ihre besondere Stellung und genießen diese. Und wie fühlen Sie sich jetzt? Führen Sie die König-Übung öfter am Tag durch. Die gute Laune kommt ganz von allein.

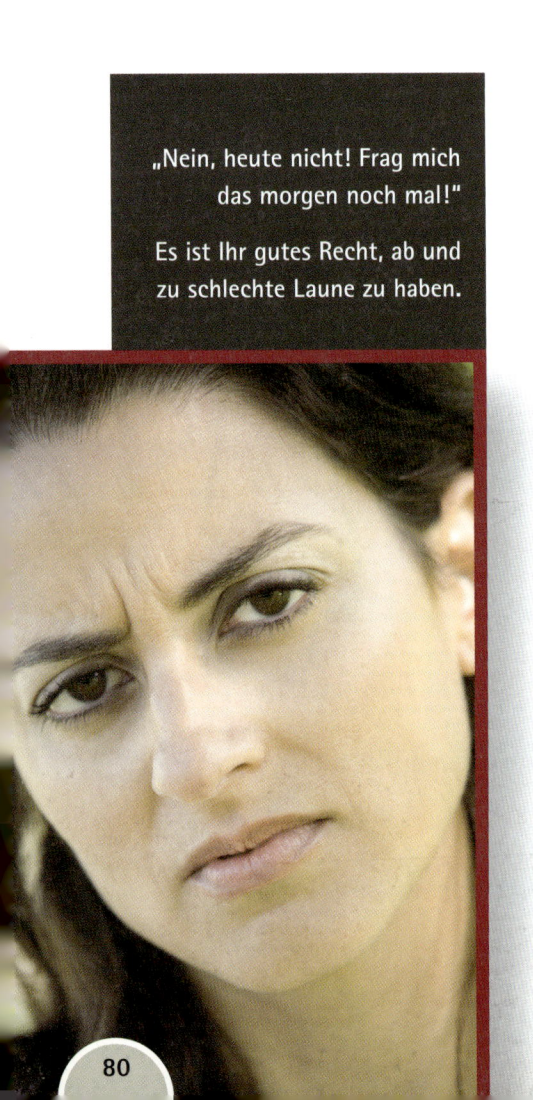

> „Nein, heute nicht! Frag mich das morgen noch mal!"
>
> Es ist Ihr gutes Recht, ab und zu schlechte Laune zu haben.

Gesunder Energydrink

Gönnen Sie sich mal einen richtigen Energydrink, und zwar nicht die mit den vielen Zusatzstoffen aus dem Supermarkt, sondern einen hausgemachten Bananen-Milchshake.
Pürieren Sie alles mit einem Mixstab, oder geben Sie es komplett in den Mixer. Trinken Sie es gut gekühlt. Und was steckt dahinter?
Die Zutaten enthalten Kohlenhydrate, Proteine und Fette in ausgeglichenen Anteilen. Besonders gesund sind die ungesättigten Fettsäuren des Leinöls.
Die Banane fördert die Serotonin-Ausschüttung, das Hormon für gute Laune. Die Weizenkeime beinhalten viele Mineralstoffe für ein langes Sättigungsgefühl. Vanille oder Zimt verleihen durch ihr Aroma einen Kick Wohlgefühl.

Sie benötigen:
1 Banane
300 ml frische fettarme Milch
1 EL Leinöl
1 EL Honig
1 EL Weizenkeime
etwas Vanille oder Zimt

Kopfweh, ade!

Wächst Ihnen schon wieder alles über den Kopf, sodass er schon schmerzt? Dann versuchen Sie es mit folgenden Tipps:

- **Legen Sie sich in einem halb abgedunkelten Raum auf ein angenehm temperiertes Wärmekissen, z.B. ein Kirschkernkissen, das Sie kurz im Ofen erhitzen können. Die Wärme, die Sie über dem Hinterkopf spüren, wirkt sehr entspannend. (Hier zeigt sich, wie praktisch ein Ruheraum an der Schule sein kann.)**
- **Schneiden Sie fürchterliche und übertriebene Grimassen! Schauen Sie dabei in alle Richtungen. Rollen Sie mit den Augen, strecken Sie die Zunge heraus, und prusten Sie ganz laut.**

Das tut gut!

Für den Kopf-frei-Tee benötigen Sie:
½ TL Holunderblüten
½ TL Holunderbeeren
½ TL Lindenblüten
1 TL Honig

Kopf-frei-Tee

Dieser Tee entschlackt besonders gut, hat eine reinigende Wirkung und macht den Kopf frei. Trinken Sie den Tee, mit Honig gesüßt, langsam und in kleinen Schlucken.

Mit hochwertigen Ölen und Kräutern machen Sie aus jedem Bad ein Luxusprogramm.

Erste Hilfe bei Erkältung

Schon beim ersten Anzeichen von Erkältung, aber spätestens bei verstopfter Nase ist Salz ein richtiges Wundermittel. Verrühren Sie einen Teelöffel Salz in einem warmen Glas Wasser, und gurgeln Sie hiermit ausführlich.

Sie können bei verstopfter Nase auch eine Salz-Nasenspülung machen. Hierzu lösen Sie wieder einen Teelöffel Salz in einem Glas mit warmem Wasser auf und ziehen etwas Salzwasser zuerst durch das rechte Naseloch hoch und danach durch das linke. Das jeweils andere Nasenloch halten Sie so lange zu.

Wenn Sie gerne etwas Scharfes mögen, dann raspeln Sie etwas frischen Meerrettich, verrühren ihn mit Jogurt oder Sahne und essen ihn auf Brot oder mit Lachs. Die Schärfe bringt Ihre Nase sofort zum Laufen und hilft bestens gegen Bakterien!

Und wie wäre es am Abend mit einem wohligen Gesundheitsbad, das schnell wieder fit macht? Es gibt natürlich Fertigbäder, die Sie kaufen können. Es macht aber noch mehr Spaß, wenn Sie sich Ihr eigenes Bad zusammenstellen. Sie benötigen hierfür gute natürliche Öle wie etwa Weizenkeim- oder Olivenöl. Verschiedene Aromaessenzen können Sie ziemlich günstig in kleinen Fläschchen kaufen. Für jedes Bad verrühren Sie die angegebenen Zutaten und lassen sie langsam in den laufenden Wasserstrahl tröpfeln. Ein Bad sollte nicht länger als 20 Minuten dauern. Am besten gehen Sie danach sofort ins Bett oder ruhen sich aus.

Klare-Stimme-Bad

Bei Heiserkeit, Husten und Erkältung der oberen Atemwege kann Ihnen dieses Bad helfen. Einfach die Zutaten ins heiße Badewasser geben.

Sie benötigen:
1 ½ EL Öl
8–10 Tropfen Eukalyptusessenz

Gute-Laune-Bad

Gerade, wenn Sie einen Anflug von Erkältung verspüren, müssen Sie dringend Ihr Immunsystem durch gute Stimmung stärken. Einfach die Zutaten ins heiße Badewasser geben.

Sie benötigen:
1 ½ TL Öl
5 Tropfen Bergamotte-Essenz
5 Tropfen Orangenessenz

Achten Sie bei allen Pflanzenessenzen darauf, dass sie wirklich natürlich hergestellt sind. Es gibt nämlich auch parfümierte Duftöle, die aber nicht für den Körper anzuwenden sind.

Ciao, Schule, ciao!

Endlich Schulschluss!

> *Zelebrieren Sie den Schulschluss und die darauf folgende Zeit. Auf den nächsten Seiten erfahren Sie, wie.*

Aber meistens gehen Ihnen immer noch die Gedanken des Unterrichts durch den Kopf. Zu Hause angekommen, stapeln sich auf dem Schreibtisch mal wieder die Klausuren, die noch korrigiert werden müssen. Zahlreiche Zettel liegen kreuz und quer, und irgendwie dauert das Suchen schon enorm lange. Da mag man gar nicht richtig anfangen. Womit auch? Eigentlich steht schon die nächste Unterrichtsplanung an. Ach ja, zwei Eltern müssen auch noch angerufen werden.

Aber wo bleiben Sie überhaupt selbst? In diesem Kapitel bekommen Sie zahlreiche Tipps für eine herrlich schulfreie Zeit.

In Rekordzeit den Schreibtisch entrümpeln

Das ist nicht zufällig Ihr Schreibtisch, oder?

Kennen Sie das auch? Auf Ihrem Schreibtisch türmen sich Ordner, zu korrigierende Hefte, Stapel von Kopiervorlagen, Bücher und immer wieder Notizzettel. Sie haben zwar den Eindruck, dass Sie wirklich gut ausgestattet sind mit Unterrichtsmaterialien, aber irgendwie wissen Sie schon gar nicht mehr, was Sie überhaupt wann und wo noch einsetzen sollen. Da hilft nur eins: Raus mit den Energiefressern!

„Aber, aber, das brauche ich doch alles noch", werden Sie vermutlich denken. Deshalb benötigen Sie auch einen kleinen Trick, um sich wirklich von unnötigem Ballast zu befreien. Besorgen Sie sich

- **3–4 DIN-A4-Ordner**
- **3 Kartons in DIN-A4-Größe**

Karton Nr. 1 beschriften Sie mit „Müll", Karton Nr. 2 mit „Weiß nicht" und Karton Nr. 3 mit „Wichtig". Schon können Sie starten. Sortieren Sie nun sehr zügig alle losen Blätter, die Sie auf Ihrem Schreibtisch finden, in die drei Kartons ein – je mehr Müll, desto besser. Lesen Sie bitte nicht jedes Blatt ganz durch, hier sind schnelle Entscheidungen gefragt:
Einmal überfliegen und fertig.

Auch bei einem großen Schreibtisch mit zahlreichen kreuz und quer liegenden Blättern sollten Sie hierfür nicht länger als 30 Minuten benötigen. Stellen Sie sich am besten einen Wecker. Es geht noch nicht um die Feinheiten, sondern wirklich nur um die grobe Vorsortierung.

Tipp: Sortieren Sie alle losen Blätter, Mini-Mappen etc. sofort in einen der drei Kartons ein. Legen Sie nichts irgendwo anders hin, weil Sie es sich später noch einmal überlegen wollen. Damit würden Sie das Aufräumen nur auf einen anderen Platz verschieben. Entscheiden Sie sich möglichst spontan, in welchen Karton Sie die jeweiligen Sachen legen.
Langes Überlegen ermüdet in diesem Fall nur.

Karton „Wichtig":

In diesen Karton sortieren Sie alle Blätter und Zettel, die entweder jetzt oder in relativ kurzer Zeit für Sie relevant sein werden. Natürlich kommt hier auch alles hinein, was Sie schon seit Langem vermisst haben. Folgende Leitfrage können Sie sich stellen, um herauszufinden, ob Sie diverse Arbeitsblätter wirklich brauchen und einsetzen werden:
Wenn ich dieses Blatt verlieren würde, würde ich es neu erstellen oder kaufen? Wenn Sie diese Frage mit Nein beantworten, kann es zumindest in den „Weiß nicht"-Karton.

Karton „Weiß nicht":

Hier legen Sie alles hinein, was zwar nicht aktuell wichtig erscheint, aber in Zukunft noch einen Nutzen für Sie haben könnte. Wahrscheinlich wird dieser Karton besonders voll werden. Er ist eher als Notkarton gedacht, wenn Sie sich nicht entscheiden können, ob etwas gleich in den Müll wandern soll. Das Wegwerfen fällt vielen Menschen schwer, da irgendwie ein Sammeltrieb in uns allen steckt. Je mehr Sie aber das Wegwerfen üben, desto leichter fällt es Ihnen mit der Zeit. Einerseits kommt immer Neues nach, andererseits befreit es auch emotional, wenn man Ballast loswird. Im Zweifel also lieber den Müllkarton wählen.

Jetzt wird Ordnung gemacht!

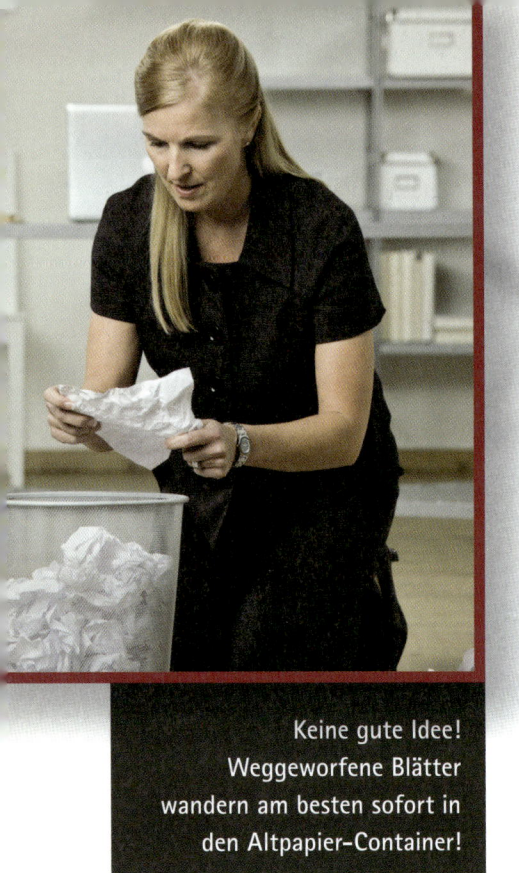

Keine gute Idee! Weggeworfene Blätter wandern am besten sofort in den Altpapier-Container!

Karton „Müll":

In diesen Karton legen Sie vor allem alte, zerrissene oder sonst nicht mehr brauchbare Unterlagen, aber auch Mitschriften aus der Uni-Zeit oder Unterrichtsplanungen, die ihr Ziel nicht ganz erfüllt haben.
Wenn Sie an irgendetwas wirklich schöne Erinnerungen haben, dann heben Sie es lieber in einem „Gute-alte-Zeit-Ordner" auf.

Trennen Sie sich unbedingt von alten Werbekatalogen. Diese nehmen besonders viel Platz weg. Es kommen doch jedes Jahr wieder neue heraus. In den Müllkarton kommen auch alte Listen, Infoblätter, Konzeptentwürfe, die längst umgesetzt oder veraltet sind.

Den Müllkarton werfen Sie am besten sofort in den Altpapier-Container. Sonst kommen Sie nur in Versuchung, darin am nächsten Tag wieder zu stöbern und zu grübeln.
Den Karton mit der Aufschrift „Weiß nicht" können Sie unbesorgt in den Keller oder auf den Dachboden stellen. Schauen Sie einfach mal wieder in einem halben Jahr hinein – falls Sie ihn nicht schon ganz vergessen haben. Was Ihnen dann noch wichtig erscheint, darf in den Karton „Wichtig". Alles, was Sie in diesem Karton gesammelt haben, wird nun im nächsten Schritt sortiert:

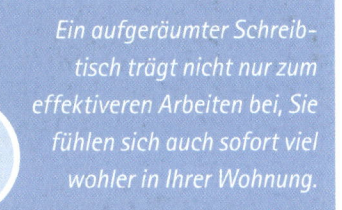

Ordner mit System:

Ein aufgeräumter Schreibtisch trägt nicht nur zum effektiveren Arbeiten bei, Sie fühlen sich auch sofort viel wohler in Ihrer Wohnung.

Jetzt kommt System ins Spiel. Je nach Geschmack und Schulart, an der Sie unterrichten, erstellen Sie entweder Ordner für einzelne Fächer, die Sie unterrichten, oder für entsprechende Jahrgänge, was sich oft als Klassenlehrerin für die Grundschule anbietet. Sortieren Sie die Blätter nun nach Themen, die zusammenpassen, und heften Sie sie ein.
Sie können eine passende Registratur benutzen oder sich auch selbst eine anlegen. Sie können auch mit selbstklebenden Zetteln arbeiten, auf denen Sie die Themen notieren. Legen Sie auch einen Ordner für „Verschiedenes" an. Hier bieten sich Klarsichthüllen an, in die Sie kleinere Zettel, Einladungen etc. stecken können. Durch den Ordner „Verschiedenes" geraten Sie nicht unter Druck, alles sofort sicher zuordnen zu müssen, sodass Sie auch diese Arbeit relativ schnell erledigen können.

Planen Sie etwa eine Stunde Zeit ein. In verschiedenen Büchern zum Thema „Zeitmanagement" finden Sie auch Tipps, wie Sie Hängeregistraturen führen können. Sie bestehen aus mehreren Einzelmappen, die oben offen sind und auf einer Schiene hängen. Ob Sie diese nutzen wollen, ist sicherlich Geschmackssache. Sie benötigen zwar für den Schreibtisch ein komplettes System, sie sind aber sicherlich eine gute Alternative zu den Ordnern. Nun wird es also auf Ihrem Schreibtisch schon viel leerer aussehen. Ein herrliches Gefühl!

Markieren Sie wichtige Kapitel in den Büchern, die Sie auf Ihrem Schreibtisch finden, mit selbstklebenden Zetteln (und wirklich nur die, die für Sie von Bedeutung sind) und dann ab ins Bücherregal mit ihnen. Unbeantwortete Briefe und Mitteilungen beantworten Sie sofort oder legen sie in einen Briefhalter. Ein guter Tipp aus dem Management: Alles, was Sie in höchstens drei Minuten erledigen können, erledigen Sie sofort. So müssen Sie erst gar nicht überlegen, wo denn dieser oder jener Zettel abgelegt werden muss. Das spart Energie.

Gönnen Sie sich doch für Ihren jetzt aufgeräumten Schreibtisch einmal schöne Stifte oder Stifthalter, hochwertige Mappen und Ordner.
Da macht das Arbeiten noch mal so viel Spaß. Vielleicht dekorieren Sie Ihren Schreibtisch noch mit ein paar persönlichen Gegenständen.

Übrigens: Das ständige Überprüfen der E-Mails ist nicht wirklich wichtig. Alle zwei Tage zu einem festen Zeitpunkt genügt als Lehrer völlig. Das spart wieder zusätzlichen Stress, da das ganze Überfliegen aller Mails und das Gefühl, sie auch wieder beantworten zu müssen, nur neue Aufregung erzeugt. Es macht richtig Spaß, E-Mail-freie Tage zu haben.

Ahh, so sieht es besser aus!

What's to do?

Damit Sie nicht jeden Tag zu viel arbeiten und Ihnen Ihre Pflichten nicht allmählich über den Kopf wachsen, arbeiten Sie doch einfach mal mit einer einfachen To-do-Liste. Stellen Sie hierfür zwei Spalten auf.
Spalte A sollte dabei Priorität besitzen und ihre Pflichten regelmäßig erfüllt werden. Die Dinge in Spalte B können auch etwas später erledigt werden.
Die Inhalte beider Spalten könnten folgendermaßen aussehen:

A	B
Mi, 20.00 Uhr Mit Steffi zum Yoga	Material für neue Unterrichtseinheit nächste Woche einkaufen
Timo zum Geburtstag anrufen	Klassenarbeiten korrigieren
Mathe-Test für den nächsten Tag vorbereiten	Rasen mähen

Sie wundern sich nun sicher, dass in Spalte A ein Yogatermin steht. Ist das wirklich so wichtig? Wichtiger, als Klassenarbeiten zu korrigieren?

Ja, manchmal ist es das. Denn in Spalte A gehören auch Dinge, die Ihnen persönlich kurz- oder langfristig Freude bereiten und mit denen Sie Ihre Akkus wieder aufladen. Falls Sie das mit dem Korrigieren von Klassenarbeiten schaffen, dürfen sie diese natürlich gerne in Spalte A eintragen. Achten Sie also darauf, dass Sie nicht immer nur Pflichten über Pflichten vor sich herschieben, an denen Sie sowieso keinen Spaß haben. Planen Sie in Ihre To-do-Liste immer wieder kleine Belohnungen ein, die Ihnen den Tag versüßen. So arbeiten Sie viel motivierter.

Auch und gerade Freizeitaktivitäten kommen auf die To-do-Liste!

Der individuelle Wochenplan

Lara ist Grundschullehrerin und arbeitet Teilzeit mit wöchentlich 22 Unterrichtsstunden. Vollzeit würde für sie 28 Stunden bedeuten, zu denen sie noch Vor- und Nachbereitung rechnen muss, um auf 40 Stunden zu kommen. Da Lara aber Teilzeit arbeitet, möchte sie jeden Tag höchstens sechs Stunden mit der Arbeit verbringen. Hierzu zählen neben dem Unterricht natürlich schulische Termine wie Dienstbesprechungen, Elternabende, Elternsprechtage sowie die häusliche Arbeitszeit. Damit sie den Überblick über ihre tatsächliche Arbeitszeit behält, macht sie sich folgenden Plan für eine Woche:

Tag	Unterricht	Termine	Restliche Arbeitszeit	To do
Montag	5 h	Dienstbesprechung 1 h	–	–
Dienstag	4 h	–	2 h	Vorbereitung der Unterrichtseinheit zum Thema „Getreide"
Mittwoch	4 h	Elterngespräch 30 Min.	1.30 h	Hefte mit nach Hause nehmen und korrigieren
Donnerstag	5 h	–	1 h	Klassenausflug skizzieren
Freitag	4 h	Gemeinsame Projektbesprechung 1 h	1 h	Unterricht für kommende Woche grob planen
Samstag	–	–	Pufferzone von 1–2 Stunden für restliche Arbeiten	–

Natürlich können Sie im Bereich „To do" immer wieder variieren. Günstig ist es, sich am Wochenende etwa ein bis zwei Stunden frei zu halten, an denen Sie in Ruhe noch restliche Arbeiten erledigen können.

So sieht der Wochenplan von Lara aus. Planen Sie immer genügend Auszeit ein, sodass Sie erst gar nicht in Stress geraten.

Ihre ganz persönlichen Ciao-Schule-Rituale

Als Lehrer sind Sie einerseits in der glücklichen Lage, sich Ihre Arbeitszeit zu Hause frei einteilen zu können, andererseits befinden Sie sich aber immer irgendwie „im Dienst": Beim Einkaufen entdecken Sie nebenbei tolle Sachen, die Sie für den Unterricht gebrauchen könnten, bei Kindergeburtstagen überlegen Sie sich, ob sich einige Spiele nicht auch für das nächste Klassenfest eignen, in der Bibliothek greifen Sie ganz spontan zu einem Buch über verhaltensauffällige Kinder, obwohl Sie eigentlich private Literatur für sich gesucht haben.

Schaffen Sie deshalb in Ihrer Freizeit bewusst einen Rhythmus, der Ihnen wirklich selbst entspricht und Raum für echte Freizeit lässt.
Jeder Mensch hat schließlich einen unterschiedlichen Biorhythmus:
Die einen springen morgens putzmunter aus dem Bett (die „Lerchen"), während die anderen erst abends so richtig in Fahrt kommen (die „Eulen"). Probieren Sie in der kommenden Woche doch einfach mal aus, welcher Rhythmus Ihnen am ehesten entspricht.

Es gibt z.B. Lehrer, die die Schultasche erst einmal im Auto liegen lassen, wenn sie nach Hause kommen, und komplett abschalten.
Andere fühlen sich nach dem Unterricht so unter Strom, dass sie in einem Schwung den Unterricht für den nächsten Tag planen.
Wieder andere stellen ihre Tasche zu Hause an einen bestimmten Ort und legen sich erst einmal kurz hin, um Abstand vom Schulgeschehen zu finden.

Beobachten Sie in der kommenden Woche, welche Bedürfnisse Sie selbst haben, und zelebrieren Sie den Beginn Ihrer unterrichtsfreien Zeit doch mit einem eigenen Ritual.

Rituale kennen Sie schließlich aus der Schule – ob es der Morgenkreis oder die Geburtstagskerze ist. Rituale schaffen vor allem Sicherheit in Phasenübergängen. Und in genau so einem Phasenübergang befinden Sie sich nach der Schule. Rituale können reinigend, aber auch abgrenzend wirken und machen so den Kopf frei für Neues.

Was tun Sie als Erstes, wenn Sie nach Hause kommen?

Laetitia fühlt sich nach dem Unterricht immer noch sehr „aufgeputscht". Sogar im Auto auf dem Nachhauseweg gehen ihr noch viele Gedanken durch den Kopf, und sie erlebt einige Situationen des Schultages noch einmal nach. Es fällt ihr schwer, abzuschalten und „runterzukommen".

Meistens dreht sie das Radio laut auf, damit sie abgelenkt wird.

So geht es ihr schon etwas besser. Dies ist allerdings ein unbewusstes Ritual. Wie könnten Sie aber bewusste Akzente schaffen?

Laetitia könnte im Auto bereits eine bewusst ausgewählte Musik hören, die ihr signalisiert: Jetzt fängt eine neue Phase an! Es gibt noch viele weitere Rituale:

- Stellen Sie sich zu Hause kurz unter die Dusche, und spülen Sie die ganzen Erlebnisse des Tages ab. Ziehen Sie sich danach neue, frische Kleidung an, die Sie nur privat, nicht aber in der Schule tragen.

- Gehen Sie erst mal eine kleine Runde spazieren. Atmen Sie die frische Luft tief und langsam ein und aus. Recken Sie die Arme hoch in die Luft, und lassen Sie sie danach wieder tief zu Boden baumeln. Ob Sie nun eine Mini-Runde oder einen längeren Spaziergang planen, spielt dabei überhaupt keine Rolle. Wichtig ist nur, dass es für Sie persönlich ein Ritual ist, mit dem Sie zur Ruhe kommen.

- Sie können auch einfach einkaufen gehen, um auf andere Gedanken zu kommen. Essen Sie zu Hause zu Ihrer privaten Belohnung eine besonders schöne, exotische Frucht. Schauen Sie sich die Oberfläche an, betasten Sie die Schale. Nehmen Sie den Geruch bewusst wahr, und genießen Sie Ihre Frucht langsam Stück für Stück.

Egal, ob Spaziergang, kurzer Stadtbummel oder Lieblingsmusik: Schaffen Sie Ihr persönliches Feierabend-Ritual.

An neuen Orten besser arbeiten

Warum nicht mal die Unterrichtsvorbereitung in ein schönes Café verlegen?

Arbeiten Sie doch einmal an einem ganz anderen Ort, der Ihnen Inspiration und Energie gibt. Wie wäre es ...

... auf dem Balkon oder im Garten, ganz entspannt auf einer Liege mit einem kühlen Drink? Das klappt sogar mit dem Laptop auf dem Schoß und einem Stapel Bücher auf dem Boden.

... in einem schönen alten Café, während Sie ab und zu auf der Straße den vorbeieilenden Menschen nachschauen und die Muße der Stundenvorbereitung genießen?

... relaxend auf der Couch im Wohnzimmer, sodass Sie gleichzeitig schon etwas für Ihre Entspannung unternehmen? Diese Position eignet sich auch besonders für ein erstes Durchblättern der Klassenarbeiten.

Haben Sie Ihre beste Arbeitszeit und den besten Ort zu Hause herausgefunden? Natürlich können Sie diese immer wieder variieren. Doch wie gestalten Sie die Arbeitszeit eines „Selbstständigen" am besten?

Schnell und effektiv arbeiten mit Power-Strategien

Vermeiden Sie die typischen Ablenker während der Heimarbeitszeit. Nach getaner Arbeit können Sie Ihre Freizeit umso mehr genießen.

Tim, Gymnasiallehrer, setzt sich immer voller Elan an seinen Schreibtisch. Er hat herausgefunden, dass er am besten gegen 16 Uhr arbeiten kann. Los geht's. Doch nach wenigen Minuten schon kommt seine Frau herein, oder sein Sohn möchte mit ihm spielen. Tim freut sich natürlich über beide. Eigentlich ist er ja auch zu Hause und hätte Zeit, aber irgendwie ist er völlig aus dem Fluss gekommen ...

Wie Tim geht es vielen. Der Partner schaut nur kurz herein, das Telefon klingelt, schnell mal E-Mails checken ...

Deshalb: Schließen Sie die Tür von Ihrem Arbeitszimmer, wenn Sie wirklich ungestört sein möchten. Hängen Sie notfalls ein Schild an die Tür, und sagen Sie Ihren Liebsten, dass Sie jetzt wirklich eine Stunde konzentriert arbeiten müssen. Auch Kinder können das verstehen, vor allem, wenn Sie hinterher eine gemeinsame Spielzeit in Aussicht stellen.

So bleiben Sie dran:

Michael fängt zügig mit der Arbeit an, merkt aber nach einigen Minuten, dass er eigentlich das Bedürfnis hat, sich erst mal einen Kaffee zu holen. Danach wirft er einen Blick in das Fernsehprogramm für den Abend und telefoniert noch schnell mit einem Freund. So ist schnell eine halbe Stunde vergangen, in der er noch zu gar nichts gekommen ist. Mürrisch setzt er sich an den Computer und fängt zur Beruhigung erst einmal ein kleines PC-Spielchen an. Schnell ist eine weitere halbe Stunde vergangen. Jetzt ist Michael die ganze Lust vergangen. So wird er wieder einmal eine Nachtschicht einlegen müssen.

Neigen Sie auch zu „Aufschieberitis"? Bleiben Sie unbedingt am Ball! Arbeiten Sie lieber mit einem einfachen Trick der Belohnung: Wenn Sie konsequent eine Stunde lang gearbeitet haben, freuen Sie sich anschließend auf die Tasse Kaffee oder auf eine kurze Runde Computerspielen. Aber wirklich erst dann! Zur Not stellen Sie sich einen Wecker, damit Sie durcharbeiten können, ohne immer auf die Uhr blicken zu müssen.

So bleiben Sie im Flow:

Elena möchte die Konzeption der nächsten Unterrichtseinheit erstellen. Ihr fällt trotz konzentrierten Nachdenkens einfach keine ansprechende Einführung in den Stoff ein. Wie soll sie bloß die erste Stunde gestalten?

Wenn Sie ratlos vor einem Teilaspekt sitzen oder vor lauter Material gar nicht wissen, was Sie verwenden und wie Sie überhaupt anfangen sollen, dann beginnen Sie Ihre Planung nicht mit der ersten, sondern einfach mit den Folgestunden. Vielleicht haben Sie sogar spontan eine Superidee für die letzte Stunde oder für einen Ausflug zu diesem Thema mit den Schülern. Sie sollten mit dem anfangen, was Ihnen leichtfällt.
Wenn Sie erst einmal im Fluss sind, ergibt sich meistens ganz einfach auch eine Lösung für Ihr Anfangsproblem. Vermeiden Sie deshalb langes Grübeln, und wagen Sie den ersten Schritt, auch wenn es eigentlich der zweite ist.

Unzählige Ablenkungen machen das Vorbereiten schwer: Telefon, Fernsehprogramm, PC-Spielchen ...

Mit kleinen Brainstorming-Methoden kommen Sie schnell von ersten Ideen zu umsetzbaren Möglichkeiten.

Power-Ideen:

Keine Ideen für ein bestimmtes Thema? Versuchen Sie es doch mal so: Nehmen Sie einen Stapel Karteikärtchen, und schreiben Sie auf jedes Kärtchen einen Begriff, der Ihnen gerade zum Thema in den Sinn kommt – egal, ob dieser Begriff Sinn macht oder nicht.

Nach fünf Minuten hören Sie auf. Sie werden vermutlich eine ganze Anzahl verschiedener Kärtchen beschriftet haben.

Legen Sie die Kärtchen nun um Ihren Zentralbegriff.
Stellen Sie Verbindungen her: Legen Sie Kärtchen zusammen, die sich ähnlich anhören. Im nächsten Schritt sortieren Sie alle umsetzbaren Möglichkeiten heraus, mit denen Sie weiterarbeiten wollen.

Entscheiden Sie sich nun für drei Kärtchen mit Begriffen, die Sie umsetzen wollen. Falls Sie hierzu noch Anregungen benötigen, führen Sie zu diesen drei Begriffen noch mal die Power-Ideen durch. So haben Sie in sehr kurzer Zeit wirklich gute Vorschläge erarbeitet.

Zeit für mich!

„Manchmal könnte ich meinen Terminkalender in die Ecke werfen.
Ich wünsche mir einfach mal ein bisschen Zeit für mich!", wünscht sich Greta, Realschullehrerin.
Vor allem die außerschulische Zeit ist immer mehr verplant.
Sie müssen sich beeilen, um pünktlich zum Fitnesskurs zu kommen, obwohl die „Fitness" bereits in der Hetze zu Hause beginnt.
Die Fenster wollten Sie auch seit Tagen schon putzen und kommen einfach nicht dazu. Manchmal haben Sie auch so gar keine Lust auf den wöchentlichen Stammtisch mit den Freunden, aber dann gehen Sie doch hin, weil Sie eigentlich gar keinen richtigen Grund zum Absagen haben.
Andererseits: Ist das Bedürfnis, Zeit für sich zu haben, kein richtiger Grund?
Oft ist das reine Nichtstun nämlich erholsamer als noch so viele gut gemeinte Ratschläge in der Bar.

Schön, wenn für Sie die Hausarbeit auch so entspannt wäre ...

Greta hat sich entschieden, eine Woche lang abends völlig auszuspannen, den Fernseher aus zu lassen und nur für sich selbst da zu sein:
„Ich habe mir leckere Tees gekocht, mal wieder ein gutes Buch genossen, ein duftendes Wellness-Bad gemacht und bin sogar richtig früh ins Bett gegangen, was mir in kuschelig neuer Bettwäsche besonderen Spaß gemacht hat. Es war eine rundum gelungene Woche. So viel Energie hatte ich schon lange nicht mehr."

Um in den Flow-Zustand des Genießens zu kommen, sind hier einige Tipps für Sie zusammengestellt, die Sie einfach mal ausprobieren können:

- Schreiben Sie doch mal wieder jemandem, den Sie besonders gerne mögen, einen Brief auf richtig kostbarem Papier, das man bereits in der Hand fühlt. Vielleicht möchten Sie auch jemandem schreiben, den Sie schon lange nicht mehr gesehen haben. Haben Sie noch einen richtigen Füller? Es fühlt sich richtig edel an, wenn die Feder über das Papier gleitet. Ein Brief ist im Gegensatz zu einer E-Mail ein richtig ästhetisches Erlebnis.

- Setzen Sie sich gemütlich ans Fenster, und sehen Sie einfach nur hinaus. Nehmen Sie die unterschiedlichen Farbtöne der Bäume, Sträucher und Gräser wahr. Können Sie auch Menschen entdecken? Was machen sie? Wie bewegen sie sich? Schnell, langsam, zielstrebig, abwartend? Gibt es Geräusche, die Sie hören können? Was empfinden Sie dabei? Nehmen Sie sich die Zeit für diese ansonsten „sinnfreie" Tätigkeit.

- Machen Sie etwas, das Sie schon als Kind gerne getan haben und als Erwachsener fast vergessen haben. Ein knallbuntes Bild malen? Aus Kissen und Decken eine Burg bauen?

- Gehen Sie mit einer Decke nach draußen und legen sich in den Garten oder auf eine Grünfläche. Beobachten Sie einfach nur den Himmel. Nehmen Sie die Geräusche und Düfte um Sie herum bewusst wahr.

Wann haben Sie sich das letzte mal Zeit genommen für ein richtig ästhetisches Erlebnis?

- Backen Sie Ihre Traum-Pizza mit Dreifachbelag, die Sie in keinem Restaurant der Welt bekommen. Nehmen Sie von Ihren Lieblingszutaten so viel Sie wollen. Mein Tipp: Serranoschinken, Rucola und Parmesan – ein Traum!

- Betrachten und sortieren Sie mal wieder alte Fotos. Häufig verbindet man mit ihnen schöne Erinnerungen, in denen Sie richtig schwelgen können. Es ist wie eine Zeitreise, nach der Sie wieder Schwung und Glücksgefühle in die Gegenwart mitnehmen.

- Reparieren Sie etwas, wenn auch nur eine Kleinigkeit, die schon lange darauf wartet.

- Singen Sie doch mal wieder unter der Dusche, in der Badewanne, beim Saubermachen oder einfach so! Singen entspannt und verhilft zu mehr Selbstbewusstsein.

- Verabreden Sie sich mit lieben Menschen, die Ihnen wirklich guttun.

Die geheimnisvolle Schatztruhe

Wenn Sie von der Schule mal ganz ausgelaugt sind und gar nichts mehr geht, dann werfen Sie einen Blick in die geheimnisvolle Schatztruhe. Nehmen Sie hierfür eine richtige Holzkiste, die Sie nach Ihrem Geschmack verzieren, und füllen Sie sie mit verschiedenen kleinen Schätzen. Das können z.B. selbstgeschriebene, kleine Aufmunterungszettel sein wie etwa:
Schön, dass es dich gibt.
Das hast du heute toll gemacht.
Du hast superviel dazugelernt. Glückwunsch!
Jetzt hast du dir eine Belohnung verdient.
Es können aber auch besondere kleine Süßigkeiten, Glückssteine oder schöne Fotos sein, die Sie glücklich stimmen. Nehmen Sie sich je nach Stimmung aus Ihrer Schatztruhe das, was Sie brauchen. Vergessen Sie aber nicht, die Schatztruhe auch hin und wieder aufzufüllen!
Tipp: Eine solche Schatztruhe eignet sich fantastisch als motivierendes Geschenk für Freunde und Kollegen!

Wellness, die Sie von Ihren Schülern lernen können

Kinder und Jugendliche haben oftmals ein viel entspannteres Verhältnis zu dem, was ihnen guttut, als wir Erwachsenen. Es müssen gar nicht die aufwändigen Hobbys sein. Beobachten Sie doch mal Kinder, wie sie relaxen. Folgendes habe ich herausgefunden:

- Kinder bleiben oft in Gemeinschaft viel gelassener. Sie sagen deutlich ihre Meinung, kennen keine Ironie, taktieren selten oder gar nicht. Und wenn der eine gerade nicht mitspielen will, dann will es eben ein anderer.

- Kinder führen oft künstlerische Tätigkeiten aus, die sie selbst sehr erfreuen, ohne nach konkretem Erfolg oder anderen Resultaten zu schielen. Sie können in einer künstlerischen Tätigkeit vollständig aufgehen und die Zeit um sich herum vergessen (sei es malen, basteln, töpfern, bauen). Wann haben Sie das letzte Mal solch einen Zustand erlebt?

- Kinder lieben die Natur. Sie beobachten gerne kleine Tiere, die sie entdecken, oder schauen den Vögeln nach. Sie riechen an Blumen und erfreuen sich an Schmetterlingen, die vorbeigaukeln.
Wie würde eine kleine Entdeckungsreise für Sie aussehen?

- Kinder tun oft einfach gar nichts. Sie liegen auf dem Boden und schauen – je nach Umgebung – zur Decke oder in die Wolken. Mögen Sie das auch?

- Kinder lesen zur Entspannung einfache und positive Literatur wie Märchen mit gutem Ausgang, Geschichten über Freundschaft und Zusammenhalt. Wann haben Sie das letzte Mal solch „triviale" Literatur gelesen?

Sie merken: Es lohnt sich, Kinder in ihrer Freizeit zu beobachten. Nachzuvollziehen, wie Kinder die Welt sehen, eröffnet auch für uns Erwachsene ganz neue Perspektiven.

Kinder spielen ausgelassen, unreflektiert und zweckfrei. Tun Sie doch auch einfach mal, wonach Ihnen ist, ohne Beachtung von Konventionen ...

Übungen zum Abwerfen von Ballast

Falls Sie oft schlecht einschlafen können, versuchen Sie doch einmal folgende Übungen. Diese funktionieren natürlich auch, wenn Sie gut schlafen. Sie werden sich noch zufriedener fühlen.

1. Der unnötige Rucksack

Wenn Ihnen der Tag schwierig vorgekommen sein mag, stellen Sie sich vor, wie Sie einen großen Rucksack einen Berg hinaufschleppen müssen. Der Rucksack ist wirklich schwer, und Sie kommen ganz schön ins Schnaufen. Der Rucksack drückt, doch nun bleiben Sie stehen.
Legen Sie den Rucksack ab. Einfach so. Da liegt er im Gras und sieht auch nicht besonders aus. Warum haben Sie ihn überhaupt die ganze Zeit getragen? Sie wissen es nicht. Doch jetzt sind Sie froh, ihn endlich losgeworden zu sein. Mit leichten Schritten gehen Sie nun den Berg hinauf und kommen ganz schnell oben am Gipfel an, auf dem Sie eine herrliche Aussicht erwartet.

2. Nehmen wir an ...

Probleme schaffen oft Denkbarrieren, die man nur sehr schwierig überwinden kann. Deshalb versuchen Sie einmal Folgendes:
Sagen Sie sich: Nehmen wir an, es gäbe eine Lösung für dieses Problem (auch wenn Ihnen diese Lösung unrealistisch erscheint). Fokussieren Sie sich auf den Aspekt der Lösung, und lassen Sie Gedanken aufsteigen, die Ihnen eine mögliche (realistische) Lösung zeigen. Ziemlich einfach? Lösungen sind oft einfach, wenn man wieder klar denken kann.

3. Dankbar sein

Überlegen Sie sich jeden Abend mindestens fünf Dinge, für die Sie heute dankbar sein können. Das können kleine, scheinbar unbedeutende Erlebnisse sein, aber auch größere Ereignisse.

> Brauchen Sie den ganzen Ballast? Nein? Dann weg damit!

Nicole fielen beispielsweise sogar viel mehr Dinge ein:
„Ich bin dankbar dafür, dass ich heute Morgen mit so viel Schwung aufstehen konnte. Ich bin dankbar, dass mich in der Schule eine Schülerin umarmt und erzählt hat, dass ich ihre Lieblingslehrerin bin.
Ich freue mich, dass meine Kollegin an die wichtigen Materialien für mich gedacht hat. Ich freue mich auch, dass es heute hitzefrei gab und ich so eine Stunde weniger unterrichten musste. Als ich noch einkaufen wollte, habe ich gleich einen freien Parkplatz direkt vor dem Geschäft gefunden. Abends hat mir mein Freund mein Lieblingsessen gekocht."

Martin ist dafür dankbar:
„Ich freue mich, dass die Klasse heute so gut mitgearbeitet hat. Ich freue mich auch, dass ein großer Schüler einen jüngeren in Schutz genommen hat. Ich bin dankbar dafür, dass ich ein gutes Gehalt verdiene. Ich freue mich, dass ich trotz schlechten Wetters keine Erkältung bekommen habe."

Und für Jasmin sieht Dankbarkeit so aus:
„Ich freue mich, dass ich nach dem Referendariat so schnell diese Stelle bekommen habe.
Ich fühle mich dankbar, dass ich zusätzlich Stunden reduzieren kann, um mehr für mein Kind da sein zu können. Ich freue mich, dass wir uns eine gute Zukunft aufbauen können. Schön, dass viele nette Kollegen an meiner Schule sind."

Bestimmt finden Sie unzählige eigene Gründe, wofür Sie dankbar sein können ...

Seien Sie dankbar für die vielen schönen Aspekte des Lehrerberufs, die nur auf den ersten Blick selbstverständlich sind.

Mit Fantasie in den Urlaub

Besonders schön ist eine Fantasiereise. Lassen Sie sich die entspannenden Formulierungen von Ihrem Partner oder einem Freund ganz langsam und leise vorlesen – am besten zu entspannender Musik. Legen Sie sich hierzu gemütlich auf Ihre Couch oder auf Ihr Bett …

„Schließe deine Augen und entspanne deinen ganzen Körper. Fange bei den Zehen an. Sie sind locker und entspannt. Stelle dir vor, wie deine Füße, die Unterschenkel, die Knie und schließlich die Oberschenkel immer lockerer und entspannter werden.

Nun entspannen sich auch dein Po, dein Bauch und dein unterer Rücken. Eine wohlige Wärme durchströmt dich. Du wirst immer lockerer und leichter. Dein Oberkörper und dein oberer Rücken liegen ganz locker auf der Unterlage.

Fantasiereisen entspannen und spenden neue Energie.

Eine wohlige Wärme durchströmt deinen rechten und deinen linken Arm, durch die Hand bis zu den Fingerspitzen. Nun lockert sich auch dein Nacken, dein Unterkiefer und dein Oberkiefer. Deine Augen entspannen sich. Der ganze Kopf wird wohlig und frei. Atme langsam ein durch die Nase und wieder aus durch den Mund. Dein Atem fließt ruhig dahin.

Stelle dir nun vor, dass du durch eine goldene Tür eine wunderbare Landschaft betrittst. Du siehst einen weißen, endlosen Sandstrand und spürst den warmen, weichen Sand unter deinen Füßen. Vor dir liegt das türkisblaue, flache Meer. Kleine Wellen rauschen sanft an den Strand. Das Wasser ist angenehm warm. Es umspült deine Füße und ist herrlich erfrischend.

Du schlenderst ein wenig den Strand entlang, der von Palmen und duftenden Blumen umsäumt ist. Du riechst den angenehmen Duft der Blüten, der dir exotisch, aber doch vertraut vorkommt.
Du siehst in den Bäumen bunte Vögel fliegen, mit einem wunderschönen Gefieder, und hörst ihren melodischen Klang.

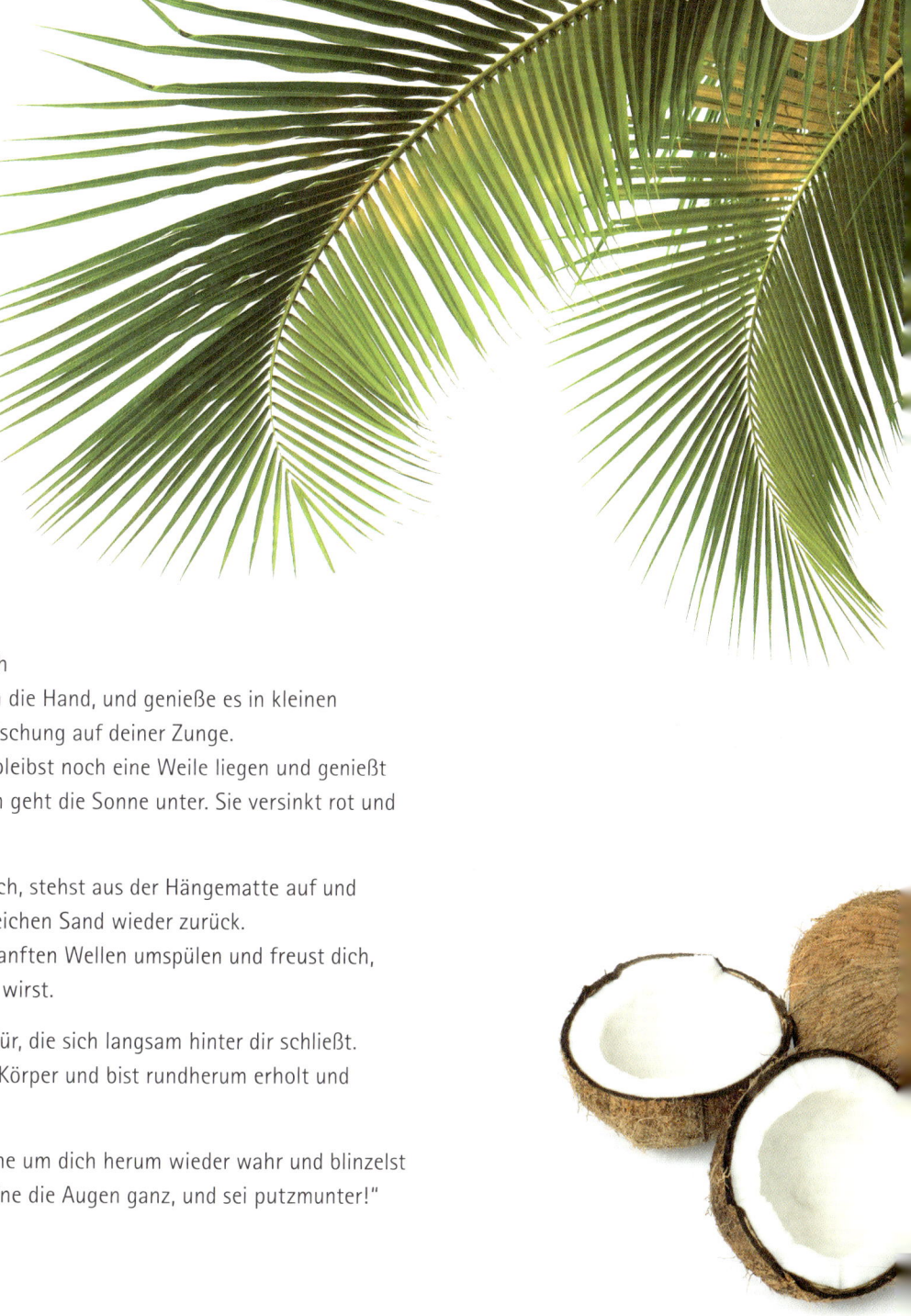

Ciao Schule, ciao... **7.**

Nahe am Strand, zwischen zwei Palmen, ist eine Hängematte gespannt, die nur auf dich wartet. Lege dich hinein, und genieße das sanfte Schaukeln, das sich wie ein langsames Wiegen anfühlt. Genieße diesen wunderschönen Ort. Du fühlst dich rundherum wohl und entspannt.

Nun bemerkst du ein frisches, kühles Getränk, das auf einem Tischchen neben deiner Hängematte steht. Es hat eine besondere Farbe, die dich sehr anspricht. Nimm das Getränk in die Hand, und genieße es in kleinen Schlückchen. Du schmeckst die Erfrischung auf deiner Zunge.
Es geht dir gut, rundherum gut. Du bleibst noch eine Weile liegen und genießt die Atmosphäre am Strand. Langsam geht die Sonne unter. Sie versinkt rot und gold im Meer ...

Allmählich reckst und streckst du dich, stehst aus der Hängematte auf und gehst durch den wunderschönen, weichen Sand wieder zurück.
Du lässt dich noch einmal von den sanften Wellen umspülen und freust dich, dass du bald wieder hierherkommen wirst.

Du gehst wieder durch die goldene Tür, die sich langsam hinter dir schließt. Jetzt bist du wieder ganz in deinem Körper und bist rundherum erholt und erfrischt.

Du räkelst dich, nimmst die Geräusche um dich herum wieder wahr und blinzelst ein bisschen mit den Augen. Nun öffne die Augen ganz, und sei putzmunter!"

Zum Schluss: Feiern Sie Ihre Erfolge!

Sie leisten und erleben jeden Tag so viel Gutes!
Sie sind Wissensvermittler, Ansprechpartner, Vertrauter, Sachenfinder, Lernhelfer, Seelentröster, strahlender Sonnenschein und vieles mehr für Ihre Schüler. Feiern und schätzen Sie die kleinen Erfolge, die Sie Tag für Tag erleben.

Ja, Sie dürfen auch ein bisschen stolz auf sich sein.
Sie haben einen erfüllenden, anspruchsvollen Job in einer krisenfesten Branche, in dem Sie Kindern und Jugendlichen Kompetenzen und Werte vermitteln – und so den Grundstein für die Zukunft unserer Gesellschaft legen.

Warum sollte dieser Job also einfach sein?
Freuen Sie sich: Sie haben die richtige Entscheidung getroffen!

Das 14-Tage-Wohlfühlprogramm

Auf den folgenden Seiten finden Sie einen Zwei-Wochen-Plan, mit dem Sie viele Ideen, die Sie in diesem Buch kennengelernt haben, gezielt umsetzen können.

Gehen Sie am besten immer in kleinen Schritten vor. Sie finden für jeden Tag Tipps für einen entspannten Morgen – von der sinnlichen Dusche bis zur „Freund-im-Spiegel-Übung".

Für die Schulzeit erhalten Sie Tipps für jeden Tag aufbereitet.
So können Sie entsprechende Schwerpunkte setzen. Probieren Sie den Unterricht mit Ihrer Lieblingsmusik aus, halten Sie Elterngespräche kurz, oder probieren Sie Rituale gegen den Lärm aus.

Auch für den Nachmittag werden Sie bestens versorgt: Wie wäre es, den Schreibtisch ruck, zuck zu entrümpeln, einen leckeren Energydrink zu sich zu nehmen und als Vorbeugung vor Erkältungen ein wohltuendes Bad zu nehmen?

Der Abend steht ganz im Zeichen Ihrer Entspannung: Werfen Sie allen Ballast ab, gönnen Sie sich einen Blick in Ihre geheimnisvolle Schatztruhe, oder unternehmen Sie eine wohltuende Fantasiereise.

Auch wenn die zwei Wochen vorüber sind: Geben Sie sich jeden Tag die Chance, etwas mehr für Ihr Wohlbefinden zu tun. Stellen Sie sich diejenigen Übungen und Tipps zusammen, die Sie besonders ansprechen. Probieren Sie auch die „verrückten" Dinge einmal aus oder diejenigen, an die Sie sich noch nicht wirklich herangetraut haben.

Je entspannter Sie werden, je mehr Sie Ihre Ausgeglichenheit nach außen tragen, desto zufriedener sind auch Ihre Schüler!

Tag 1 – Montag

Guten Morgen!

Starten Sie in den ersten Tag der Woche ganz entspannt. Stellen Sie sich den Wecker zehn Minuten früher, und bleiben Sie noch ein Weilchen im Bett liegen. Überlegen Sie, was heute für Sie einmal keine Rolle spielen soll: Ist es die nervige Vertretungs-Klasse, der ewig mürrische Kollege oder sogar die Konferenz am Nachmittag? Tun Sie so, als ob gerade diese kleinen Aufreger heute einfach keine Bedeutung für Sie haben. Wählen Sie eine Situation aus, in der Sie heute versuchen, gelassen zu bleiben und sie einfach nicht ganz ernst zu nehmen.

Schulzeit

Stellen Sie heute einfach mal Ihre Schüler auf den Kopf. Auf den Seiten 22 – 24 finden Sie wichtige Tipps hierzu. Sie werden sehen, dass Sie noch ein bisschen gelassener werden und sich nicht immer für alles selbst verantwortlich fühlen müssen. Verantwortung abzugeben, tut auch mal richtig gut.

Nachmittags

Erstellen Sie für diese Woche eine To-do-Liste, die auf Seite 88 beschrieben wird. Achten Sie darauf, dass Sie nicht zu viel hineinpacken. Lassen Sie sich Zeit. Ihre Freizeit ist mindestens so wertvoll wie Ihre Arbeitszeit!

Abends

Beginnen Sie, ein Erfolgstagebuch zu schreiben (siehe S. 30). Sie haben heute mit Sicherheit viel Gutes umgesetzt. Glauben Sie nicht? Jede Reise beginnt mit dem ersten Schritt. Und Sie haben sich heute auf den Weg gemacht, um gelassener in der Schule zu sein. Wenn das kein Erfolg ist!

Tag 2 – Dienstag

Guten Morgen!

Mögen Sie es gerne prickelnd? Probieren Sie heute die Verwöhn-Dusche auf S. 12 aus. Die belebt und macht munter für den bevorstehenden Tag. Sie brauchen hierfür nicht früher aufzustehen, sondern können bereits die Zutaten am Abend vorher in fünf Minuten vorbereiten: Die Zitrone schon mal in Scheiben schneiden und in die Wasserschale legen. Alles in den Kühlschrank stellen. So kann der Zitronensaft gut durchziehen.

Schulzeit

Legen Sie heute den Fokus auf Ihre körperliche Fitness. Probieren Sie bereits im Unterricht einen Tipp zur Mini-Fitness aus (siehe S. 35, 36, 53).
Eine Übung reicht für den Anfang völlig aus. Probieren Sie lieber alles in kleinen Schritten. Und ganz nebenbei müssen Sie auch noch unterrichten?

Nachmittags

Halten Sie heute sämtliche Gespräche nach der Schule kurz (wie Elternsprechtage, spontane „Überfälle" auf dem Flur, Probleme von Kollegen ...), und halten Sie sich an die Sprechzeiten, die Sie vorgeben.

Abends

Führen Sie die Übung „Der leichte Rucksack" (siehe S. 98) aus.
Es tut gut, allen Ballast wenigstens in Gedanken loszuwerden.
Je öfter Sie diese Übung durchführen, desto effektiver wirkt sie.

Tag 3 – Mittwoch

Guten Morgen!

Räkeln und strecken Sie sich heute ausgiebig im Bett. Lassen Sie sich wirklich Zeit. Stehen Sie langsam auf, und strecken Sie sich noch mal. Denken Sie dabei an eine Katze, die sich genüsslich dehnt. Gähnen Sie zum Abschluss herzhaft!

Schulzeit

Wählen Sie heute Rituale aus, die Sie gegen den Lärm erproben wollen. Dies kann ein rhythmisches Klatschen sein, aber auch nur ein einfaches Zeichen mit der Hand oder einem bestimmten Gegenstand. Schonen Sie unbedingt Ihre Stimme. Wenn es gar nicht anders geht, flüstern Sie, oder bedeuten Sie etwas in Zeichensprache. Die Schüler werden bald neugierig und Ihnen zuhören. Benutzen Sie ein solches Ritual, das Ihnen gefällt, als Anker, sodass die Schüler mit der Zeit von alleine leiser werden.

Nachmittags

Denken Sie daran, ausreichend zu trinken. Je mehr, desto besser. Ihr Körper freut sich am meisten über frisches Wasser. Peppen Sie es je nach Geschmack mit einem Spritzer Zitrone oder etwas Ingwer auf. Auch ein Schuss Saft ist natürlich erlaubt.

Abends

Begeben Sie sich heute doch einmal auf eine Fantasiereise an einen Ort, den Sie immer schon besuchen wollten. Oder lassen Sie sich die Fantasiereise auf S. 100 vorlesen. Gönnen Sie sich hier bewusst eine Auszeit, die Sie ganz für sich allein genießen. Wenn Sie mögen, hören Sie hierzu Ihre Lieblingsmusik, die oftmals sehr inspirierend sein kann.

Tag 4 – Donnerstag

Guten Morgen!

Beginnen Sie den Tag mit einem Lächeln, wenn Sie aufwachen. Das fördert Ihre gute Laune. Wiederholen Sie Ihr strahlendes Lächeln im Badezimmer vor dem Spiegel. Sie sehen super aus (ja, sogar direkt nach dem Aufstehen)! Wahrscheinlich ist dies am Anfang noch ziemlich ungewohnt. Aber je länger Sie lächeln, desto echter wirkt es. Und vielleicht müssen Sie am Ende sogar richtig lachen. Ein prima Start!

Schulzeit

Legen Sie heute im Unterricht einfach mal Ihre Lieblingsmusik auf statt immer die gleichen Kinderlieder. Hier gibt es viele Gelegenheiten: beim Aufräumen, beim Frühstück, zum Sitzkreis usw.
Ihre Musik gibt Ihnen wieder neue Kraft, und Ihre Schüler lernen vielleicht sogar mal ganz neue Musikstile kennen.

Nachmittags

Gründen Sie, zumindest mit ein paar Kollegen, eine Coaching-Gruppe (siehe S. 71/72). Sie werden bald merken, wie entlastend das sein kann. Und es gibt noch einen tollen Nebeneffekt: Sie lernen Ihre Kollegen einmal von einer ganz persönlichen Seite kennen. Vielleicht entdecken Sie sogar viele Gemeinsamkeiten!

Abends

Planen Sie den Unterricht für morgen doch einmal an einem ganz besonderen Ort. Gehen Sie in ein kleines, nicht überfülltes Café, oder setzen Sie sich mit einer Decke in den Park. Spüren Sie, wie unterschiedliche Atmosphären Sie unterschiedlich inspirieren und Sie vielleicht sogar schneller arbeiten lassen.

Tag 5 – Freitag

Guten Morgen!

Lassen Sie sich heute von Ihrem Lieblingsgeräusch wecken.
Entweder kaufen Sie sich einen Wecker mit verschiedenen akustischen Hintergründen (wie Vogelgezwitscher oder Meeresrauschen), oder Sie programmieren Ihr Lieblingsgeräusch ein, sodass Sie ganz individuell geweckt werden. (Wenn Sie einen Wecker mit CD-Spieler haben, brennen Sie einfach Ihr persönliches Geräusch oder Lieblingslied auf den Track 1.) Sie können die Geräusche auch Ihren Stimmungen oder Jahreszeiten entsprechend immer wieder verändern.

Schulzeit

Bringen Sie heute einen Briefkasten mit in die Schule. Am besten einen Karton, den Sie gemeinsam mit den Schülern als Briefkasten verzieren. Fangen Sie heute mit der Glückspost an. Hierzu soll jeder auf einem Zettel etwas Positives über die vergangene Woche berichten.
Sie entscheiden, ob der Briefkasten bereits heute oder erst in der nächsten Woche geleert wird.

Nachmittags

Entrümpeln Sie heute Ihren Schreibtisch.
Keine Sorge, die Aktion geht schneller, als Sie denken.
Sie benötigen nur drei Kartons, in die Sie alles einsortieren.
Wie es genau geht, lesen Sie auf den Seiten 84–87.

Abends

Lassen Sie den Fernseher heute einfach mal aus. Unternehmen Sie stattdessen einen schönen, ruhigen Abendspaziergang. Vielleicht walken oder joggen Sie eine Runde. Betrachten Sie die Natur, die Stimmung draußen. Sie werden bestimmt entspannt wiederkommen.

Tag 6/7 – Samstag/Sonntag

Das Wochenende sollte nicht durchorganisiert sein. Es ist aber bestimmt interessant, den Fokus auf bestimmte Aspekte zu legen. Probieren Sie heute und morgen zwei Möglichkeiten:

Das 80/20-Prinzip

Sie wissen ja, mit 20 % der Arbeit erreichen Sie bereits 80 % des möglichen Ergebnisses. Warum sollten Sie also mehr Energie investieren (es sei denn, es geht um etwas wirklich Wichtiges wie eine Lehrprobe)? Wenn Sie also heute noch Unterrichtsmaterial erstellen möchten, arbeiten Sie so lange, bis Sie mit Ihrem Ergebnis ganz zufrieden sind. Versuchen Sie nicht, alles perfekt zu machen. Sie trauen sich noch nicht so recht? Geben Sie sich für den Anfang als Hilfe eine feste Zeit vor, in der Sie alles erledigt haben wollen. Meistens klappt es dann sogar ganz gut. Lassen Sie den Kritiker heute auch einmal ein freies Wochenende haben, und freuen Sie sich daran, wie viel Sie geschafft haben. Mehr zum 80/20-Prinzip auf den Seiten 20/21.

Unterrichtsvorbereitung

Planen Sie den Unterricht für die kommenden Wochen heute in Modulen – und zwar möglichst nicht kleinschrittig, sondern eher grob skizziert.
So haben Sie einen ersten Verlaufsplan, der Ihnen einerseits Sicherheit gibt, Ihnen andererseits aber auch viele Gestaltungsmöglichkeiten eröffnet. Sogar auf Nachfrage von Kollegen, der Schulleitung oder Eltern wissen Sie ganz entspannt, was als Nächstes und Übernächstes auf dem Programm steht.
Mehr zum Arbeiten mit Modulen auf den Seiten 63–65.

Tag 8 – Montag

Guten Morgen!

Ziehen Sie heute Ihr „unsichtbares T-Shirt" an. (Nein, Sie sollen nicht in Unterwäsche zur Arbeit erscheinen!) Stellen Sie sich vor, welcher Spruch auf Ihrem T-Shirt steht. Vielleicht: „Ich habe alles im Griff!" oder „Das wird ein perfekter Tag!". Probieren Sie aus, wie Sie sich fühlen. Sollten Sie in Situationen geraten, die Ihnen unangenehm sind, erinnern Sie sich an Ihr T-Shirt!

Schulzeit

Überlegen Sie sich ein Motto für Ihre Klassenraum-Gestaltung. Welches Thema sagt Ihnen persönlich besonders zu? Können Sie es vielleicht in den Unterricht einbauen? Vielleicht mögen Sie gerne Fische? Dann könnten Sie mit den Schülern im Deutschunterricht eine Geschichte über Fische lesen, in Biologie/Sachunterricht einheimische Fischarten behandeln und in Kunst eine tolle Klassendekoration basteln.

Nachmittags

Gönnen Sie sich erst einmal einen gesunden Energydrink. Wie wäre es mit dem Bananen-Mix (siehe S. 81). Sie können auch selbst Barkeeper spielen und sich einen Früchtecocktail mischen. Nehmen Sie hierzu Buttermilch, füllen diese mit Früchten Ihrer Wahl auf und pürieren alles. Geben Sie noch etwas Obstsirup hinzu, und genießen Sie alles mit einem Strohhalm!

Abends

Schwelgen Sie ruhig mal wieder in schönen Erinnerungen. Vielleicht möchten Sie die Fotos von den letzten Urlaubsreisen sortieren oder einfach nur anschauen. Glückliche Erinnerungen geben uns auch glückliche Gefühle.

Tag 9 – Dienstag

Guten Morgen!

Machen Sie heute direkt nach dem Aufstehen die „Freund-im-Spiegel-Übung" (siehe S. 12). Sie wirkt zwar zunächst etwas ungewöhnlich, fühlt sich aber immer besser an, je öfter Sie sie durchführen.

Schulzeit

Beobachten Sie Ihre Gedanken, wenn Sie sich gerade überfordert fühlen. Nehmen Sie sich einfach mal für zwei Minuten eine Auszeit, in der Sie wirklich nur Beobachter sind. In dieser Zeit sind Sie für nichts verantwortlich. Natürlich dürfen sich die Schüler nicht die Köpfe einschlagen, aber darum geht es ja auch gar nicht. Wenn Situationen stressig sind, tut es einfach gut, einmal nicht aktiv sein zu müssen. Das können Sie anschließend immer noch.

Nachmittags

Stöbern Sie zu Hause in Ihren Regalen oder Unterlagen, was Sie zu einem Materialfundus in der Schule beitragen können. Wahrscheinlich haben Sie tolle Materialien entwickelt, die Sie Ihren Kollegen zur Verfügung stellen könnten. Und Sie profitieren natürlich auch von den Unterlagen der anderen. Aber bitte bedenken Sie, dass Sie urheberrechtlich geschützte Kopiervorlagen nur für Ihre Klasse, nicht aber für Ihre Kollegen kopieren dürfen.

Abends

Überlegen Sie, wofür Sie dankbar sein können. Da gibt es mit Sicherheit eine ganze Menge. Es können auch ganz kleine Dinge sein: der freie Parkplatz heute Mittag vor dem Supermarkt, das schöne Wetter, das Lob des Kollegen. Natürlich außerdem grundsätzliche Dinge wie Ihre tolle Familie, Gesundheit, ein sicherer Arbeitsplatz …

Tag 10 – Mittwoch

Guten Morgen!

Genießen Sie heute Ihr Frühstück einmal ganz bewusst. Suchen Sie sich etwas Leckeres und Gesundes aus, das Sie morgens glücklich macht. Nehmen Sie sich auch ausreichend Zeit dafür. Essen macht Spaß – zelebrieren Sie Ihre wichtigste Mahlzeit des Tages.

Schulzeit

Führen Sie heute für Ihre Schüler den „besonderen Tisch" ein (siehe S. 40). Dekorieren Sie ihn mit den Schülern gemeinsam, und erklären Sie, dass dieser Tisch etwas ganz Besonderes ist. Wer auf dieser Ruheinsel arbeiten darf, muss ganz leise und aufmerksam sein – und darf natürlich auch nicht von den anderen gestört werden. So bekommen Sie mehr Ruhe in die ganze Klasse.

Nachmittags

Sie müssen nicht immer fröhlich sein. Gönnen Sie sich auch mal schlechte Laune, wenn es nötig ist. Ziehen Sie sich zurück, und zelebrieren Sie Ihre miese Stimmung. Wahrscheinlich wird sich einfach auf Grund dieser absurden Situation Ihre Laune schnell bessern.
Noch besser: Verabreden Sie mit sich selbst eine „Grübelzeit", in der Sie ausführlich über Ihre Sorgen nachdenken. Diese sollte aber nicht länger als eine halbe Stunde dauern. Stellen Sie sich unbedingt einen Wecker. Schließen Sie Ihre Grübelzeit mit einem Lächeln ab.

Abends

Nutzen Sie Zeit für sich, um vielleicht an einen lieben Menschen einen schönen Brief zu schreiben. In Zeiten von Web 2.0 ist ein handgeschriebener Brief wirklich etwas Besonderes. Schreiben Sie doch an jemanden, von dem Sie schon lange nichts mehr gehört haben. Die Freude ist bestimmt riesengroß – für Sie und den Empfänger.

Tag 11 – Donnerstag

Guten Morgen!

Schauen Sie sich heute in Ihrem Kleiderschrank um, welche Farben dort eigentlich hängen. Sieht es eher dezent oder farbenfroh aus? Was ist eigentlich Ihre Lieblingsfarbe? Und welche Farben tragen Sie?
Kleiden Sie sich heute einmal in der Farbe, die Sie im Moment anspricht, auch wenn Sie meinen, dass Ihnen die Farbe eigentlich gar nicht steht oder zurzeit nicht zur „Saison" passt. Probieren Sie mal einen neuen Stil aus, und beobachten Sie, wie Sie sich heute fühlen.

Schulzeit

Motivieren Sie heute Ihre Schüler mit besonderem, spezifischem Lob. Schreiben Sie für jeden Tisch ein Kärtchen mit aufmunternden Worten wie „Toll, dass ihr heute so gut mitgearbeitet habt!" oder „Ihr habt in dieser Woche große Fortschritte gemacht". Denken Sie dabei auch an ein Kärtchen für sich selbst. Wie ist die Resonanz?

Nachmittags

Nehmen Sie heute Nachmittag ein heißes Wohlfühl-Bad mit hochwertigen Aroma-Ölen. Auch wenn Sie nicht erkältet sind, tut das Ihrem Körper und Ihrer Seele sehr gut.

Abends

Haben Sie Lust, mal wieder künstlerisch tätig zu sein? Irgendwie schlummert doch der Wunsch in Ihnen drinnen. Probieren Sie sich einfach mal aus. Egal, ob malen, singen, ein Instrument spielen – es muss wirklich nicht perfekt sein. Dafür entspannt es aber hervorragend.

Tag 12 – Freitag

Guten Morgen!

Nehmen Sie sich heute vor, richtig authentisch zu sein. Wenn Sie sauer sind, sind Sie sauer, auch den Kollegen gegenüber. Wenn Sie fröhlich sind, sind Sie fröhlich und machen anderen vielleicht ein Kompliment. Das Schöne daran: Jeder weiß sofort, woran er mit Ihnen ist.
Das erleichtert die Arbeit ungemein und verschafft Ihnen Respekt.

Schulzeit

Starten Sie mit den Schülern heute in den „fröhlichen Freitag". Lassen Sie ein oder zwei Schüler nach Lust und Laune etwas vortragen – vielleicht einen Witz, einen kurzen Sketch, ein Zauberkunststück oder was sie noch alles können (am besten mehrere Tage vorher ankündigen). So haben alle etwas zu lachen, und Sie starten beschwingt in das Wochenende.

Nachmittags

Überraschung! Machen Sie einfach mal gar nichts. Richtig. Überhaupt nichts. Sie haben sich einen freien Nachmittag richtig verdient. Also: rumgammeln, Couchpotatoe sein, unterirdische Nachmittags-Serien gucken – und bloß kein schlechtes Gewissen haben!

Abends

Werfen Sie zum Abschluss des Tages einen Blick in Ihre „geheime Schatztruhe". Falls Sie noch keine haben, basteln Sie sich eine aus einem Karton oder einer Kiste, die Sie nach Geschmack dekorieren (siehe S. 96). Hier können Sie alles hineinlegen, was Ihnen Freude macht: ihre Lieblingssüßigkeiten, einen Gutschein für das Kino, einen besonderen Badezusatz und vieles mehr. Hauptsache, es gefällt Ihnen. Dann ziehen Sie aus Ihrer Schatztruhe eine Überraschung heraus: Voilá, schon haben Sie Ihr Abendprogramm.

Tag 13/14 – Samstag/Sonntag

Auch an diesen Tagen sollen Sie sich ja ausruhen und erhalten kein explizites Programm, aber ein wenig Zeit zum Nachdenken:

Muße!

Gönnen Sie sich ein paar Stunden Mußezeit, die Sie so verbringen, wie Sie es eigentlich schon immer wollen. Hören Sie Ihre alte Plattensammlung rauf und runter, fahren Sie Fahrrad, gehen Sie Eis essen unter einem schattigen Baum, oder schauen Sie einfach aus dem Fenster. Heute müssen Sie nichts Besonderes tun.

Stärken Sie Ihre Stärken!

Nun sind Sie fit, sich mit Ihren Stärken zu beschäftigen. Schreiben Sie alles, was Sie gut können und Ihnen Spaß macht, auf ein Blatt Papier (auch auf zwei oder drei oder so viele, wie Sie brauchen). Diese Stärken müssen auf den ersten Blick nichts mit Ihrer Lehrertätigkeit zu tun haben. Überlegen Sie nun, wie Sie Ihre Stärken Schritt für Schritt ab nächster Woche in den Unterricht einbringen können.

Dazu wird sich sicherlich eine Gelegenheit finden. Vielleicht braucht auch ein Kollege außerhalb des Unterrichts gerade Ihre Hilfe in einem Gebiet, mit dem Sie sich auskennen. Seine Stärken in den Vordergrund zu stellen, macht glücklich. Nehmen Sie sich hierfür viel Zeit.

Wenn Ihnen diese zwei Wochen Spaß gefallen haben, dann entwickeln Sie doch nach Ihrem eigenen Geschmack weitere, „besondere" Wochen, in denen Sie mehr und mehr über sich lernen, sodass Ihnen die Schule wieder richtig Freude macht.

Viel Spaß und gutes Gelingen! Sie schaffen das!

Soo, jetzt aber Feierabend!

Bildnachweise

Seite 5:	© Nikola Hristovski/fotolia.com	Seite 38:	© TheSupe87/fotolia.com	Seite 74:	© Markus Schieder/fotolia.com
Seite 6:	© Monika Adamczyk/fotolia.com	Seite 39:	© trester/fotolia.com	Seite 75:	© olly/fotolia.com
Seite 9:	© Bernd Juergens/fotolia.com	Seite 40:	© Eléonore H./fotolia.com	Seite 76:	© imageteam/fotolia.com
Seite 10/105:	© Robert Kneschke/fotolia.com	Seite 41:	© matttilda/fotolia.com	Seite 77:	© Fred/fotolia.com
Seite 11/112:	© morgenroethe/photocase.com	Seite 42:	© Charly/fotolia.com	Seite 78:	© Robert Kneschke/fotolia.com
Seite 12/106:	© Irochka/fotolia.com	Seite 43:	© quayside/fotolia.com	Seite 79:	© Robert Kneschke/fotolia.com
Seite 13:	© jufo/fotolia.com	Seite 44:	© Sandra Cunningham/fotolia.com	Seite 80:	© Monkey Business/fotolia.com
Seite 13:	© Dušan Zidar/fotolia.com	Seite 45:	© Evgenij Gorbunov/fotolia.com	Seite 81:	© Laurin Rinder/fotolia.com
Seite 14/113:	© HLPhoto/fotolia.com	Seite 46:	© Henlisatho/fotolia.com	Seite 82/114:	© joanna wnuk/fotolia.com
Seite 15:	© Patrizia Tilly/fotolia.com	Seite 46/117:	© Uolir/fotolia.com	Seite 83:	© kristian sekulic/fotolia.com
Seite 16:	© Julia Britvich/fotolia.com	Seite 47:	© Robert Kneschke/fotolia.com	Seite 84:	© Michael Homann/fotolia.com
Seite 17:	© Howard Sandler/fotolia.com	Seite 48:	© miklav/fotolia.com	Seite 85:	© javarman/fotolia.com
Seite 18:	© Nicole Effinger/fotolia.com	Seite 49:	© Dalmatin-o/fotolia.com	Seite 86:	© AVAVA/fotolia.com
Seite 19:	© Gernot Krautberger/fotolia.com	Seite 50:	© HLPhoto/fotolia.com	Seite 87/109:	© david hughesL./fotolia.com
Seite 20:	© istvanffy/fotolia.com	Seite 51:	© René Sputh/fotolia.com	Seite 88:	© diego cervo/fotolia.com
Seite 21:	© iMAGINE/fotolia.com	Seite 53:	© Johanna Mühlbauer/fotolia.com	Seite 89:	© Joss/fotolia.com
Seite 22:	© kristian sekulic/fotolia.com	Seite 55:	© japolia/fotolia.com	Seite 90:	© Robert Kneschke/fotolia.com
Seite 24:	© kristian sekulic/fotolia.com	Seite 56:	© Carsten Reisinger/fotolia.com	Seite 91/116:	© Andres Rodriguez/fotolia.com
Seite 25:	© Marion Wear/fotolia.com	Seite 57:	© Valda/fotolia.com	Seite 92/108:	© Fenia/fotolia.com
Seite 26:	© kristian sekulic/fotolia.com	Seite 58:	© Ieva Geneviciene/fotolia.com	Seite 93:	© Kurt Holter/fotolia.com
Seite 27:	© Monika Adamczyk/fotolia.com	Seite 58:	© AGphotographer/fotolia.com	Seite 94:	© OxfordSquare/fotolia.com
Seite 28:	© Andres Rodriguez/fotolia.com	Seite 59:	© O-M/fotolia.com	Seite 95:	© fuxart/fotolia.com
Seite 29:	© Robert Cocquyt/fotolia.com	Seite 60:	© bilderbox/fotolia.com	Seite 96/115:	© slavcho vradjev/fotolia.com
Seite 30:	© AVAVA/fotolia.com	Seite 61:	© Anne Katrin Figge/fotolia.com	Seite 97:	© David Davis/fotolia.com
Seite 31:	© Herbie/fotolia.com	Seite 62:	© Monika Adamczyk/fotolia.com	Seite 98:	© den sorokin/fotolia.com
Seite 32:	© Ieva Geneviciene/fotolia.com	Seite 63:	© Yuri Arcurs/fotolia.com	Seite 99:	© kristian sekulic/fotolia.com
Seite 33:	© Johanna Goodyear/fotolia.com	Seite 64:	© 3desc/fotolia.com	Seite 100:	© nyul/fotolia.com
Seite 34:	© Kwest/fotolia.com	Seite 66:	© Suprijono Suharjoto/fotolia.com	Seite 101:	© Adrian Hillman/fotolia.com
Seite 35:	© aberenyi/fotolia.com	Seite 67:	© Kai Koehler/fotolia.com	Seite 101/107:	© Alx/fotolia.com
Seite 35:	© Stephen Coburn/fotolia.com	Seite 68:	© Haramis Kalfar/fotolia.com	Seite 102:	© kare1501/fotolia.com
Seite 36:	© Claudio Baldini/fotolia.com	Seite 69:	© Amir Kaljikovic/fotolia.com	Seite 103:	© Helder Almeida/fotolia.com
Seite 37:	© simonkr/fotolia.com	Seite 70:	© Alexander/fotolia.com	Seite 104:	© Silvia Bogdanski/fotolia.com
Seite 37:	© schweitzer-degen/fotolia.com	Seite 71:	© ArTo/fotolia.com	Seite 110:	© Monkey Business/fotolia.com
Seite 38:	© Benicce/fotolia.com	Seite 72:	© Doctor Kan/fotolia.com	Seite 111:	© Elenathewise/fotolia.com

Literaturtipps

Birgit Besser-Scholz:
Burnout – Gefahr im Lehrerberuf.
Vandenhoeck & Ruprecht, 2007.
ISBN 978-3-5254-0002-9

Jean Feldman:
**155 Rituale und Phasenübergänge
für einen strukturierten Grundschulalltag.**
Kl. 1–3, Verlag an der Ruhr, 2009.
ISBN 978-3-8346-0480-4

Kerstin Klein:
KlassenlehrerIn sein. Das Handbuch.
Strategien, Tipps, Praxishilfen.
Verlag an der Ruhr, 2006.
ISBN 978-3-8346-0154-4

Rudolf Kretschmann:
Stressmanagement für Lehrerinnen und Lehrer.
Beltz, 2008.
ISBN 978-3-4072-5494-8

Dr. Jessica Lütge:
Unterrichtsziele spielend erreichen – 3 Bände.
Kl. 1–4, Verlag an der Ruhr, 2009.
Band 1: Die besten Spiele zum Unterrichtsbeginn.
ISBN 978-3-8346-0541-2
Band 2: Die besten Spiele zum Lernen mittendrin.
ISBN 978-3-8346-0542-5
**Band 3: Die besten Spiele für den Abschluss
mit Gewinn.**
ISBN 978-3-8346-0543-3

Reinhold Miller:
99 Schritte zum professionellen Lehrer.
Kallmeyer, 2006.
ISBN 978-3-7800-4938-4

Lena Morgenthau:
Das hast du gut gemacht!
Urkunden und Muntermacher für jede Gelegenheit.
Kl. 1–5, Verlag an der Ruhr, 2002.
ISBN 978-3-86072-704-1

Kathy Paterson:
Kinder motivieren in 3 Minuten.
120 Übungen für alle Unterrichtssituationen.
Kl. 1–6, Verlag an der Ruhr, 2008.
ISBN 978-3-8346-0418-7

Katarina Raker:
Basics für VertretungslehrerInnen.
Praxistipps und Stundenideen für die Grundschule.
Kl. 1–4, Verlag an der Ruhr, 2007.
ISBN 978-3-8346-0309-8

Doris Stöhr-Mäschl:
Ruhe tut gut.
Fantasiereisen und Entspannungsübungen für Kinder.
5–12 Jahre, Verlag an der Ruhr, 2008.
ISBN 978-3-8346-0420-0

Natascha Welz:
Überlebensgrüße aus dem Lehrerzimmer.
Mit 12 Postkarten durch das Schuljahr.
Verlag an der Ruhr, 2009.
ISBN 978-3-8346-0465-8

Internettipps*

www.schulebw.de
Auf dem Landesbildungsserver Baden-Württemberg finden Sie unter „Lehrkräfte" – „Beratung" viele gute Links und Artikel zur Gesundheitsförderung an Schulen.

www.schulministerium.nrw.de
Das Bildungsportal NRW bietet Ihnen unter dem Suchbegriff „Lehrergesundheit" eine umfassende PDF.

www.schuleundgesundheit.hessen.de
Auf den Seiten des hessischen Kultusministeriums finden Sie ein umfassendes Internet-Portal zum Thema „Schulgesundheit".

www.verlagruhr.de
Auf unserer Verlagshomepage finden Sie unser gesamtes Verlagsprogramm. Darunter zahlreiche Organisations- und Alltagshilfen für alle Schulstufen, die Ihnen die Arbeit erleichtern. Viel Spaß beim Stöbern!

---

* Die in diesem Werk angegebenen Internetadressen haben wir geprüft (Stand November 2009). Da sich Internetadressen und deren Inhalte schnell verändern können, ist nicht auszuschließen, dass unter einer Adresse inzwischen ein ganz anderer Inhalt angeboten wird. Wir können daher für die angegebenen Internetseiten keine Verantwortung übernehmen.

Über die Autorin

Dr. Jessica Lütge ist Germanistin, Medienwissenschaftlerin sowie Lehrerin für Grund-, Haupt- und Realschulen.

Zurzeit arbeitet sie an einer Grundschule mit den Schwerpunkten „Spielpädagogik" und „Lehrergesundheit" und entwickelt kunterbunte Ideen, die den Schulalltag verschönern.

Jessica Lütge beschäftigt sich schon seit Längerem ausführlich mit den Thema: „Wohlfühlen in der Schule, sowohl für Lehrer als auch für Schüler". Da sie sich bereits seit einigen Jahren in den Bereichen Stress- und Zeitmanagement fortbildet, findet Jessica Lütge es immer wieder faszinierend, wie viele dieser Techniken hervorragend in den Schulalltag integriert werden können. Hierzu gibt sie auch selbst Seminare mit Wohlfühlcharakter. So meint Jessica Lütge augenzwinkernd: „Nicht Urlaub vom Unterricht, sondern Urlaub im Unterricht wäre doch eine spannende Möglichkeit."

www.jessicaluetge.de
Die Homepage der Autorin dieses Buches, inkl. Hinweisen zu Seminaren und Veröffentlichungen.

Strategien – Tipps – Praxishilfen

■ **KlassenlehrerIn sein**
Das Handbuch. Strategien, Tipps, Praxishilfen
Kerstin Klein
Für alle Schulstufen, 174 S.,
16 x 23 cm, Paperback, zweifarbig
ISBN 978-3-8346-0154-4
Best.-Nr. 60154
17,80 € (D)/18,30 € (A)/31,20 CHF

■ **Basics für Junglehrer**
Der optimale Einstieg in den Arbeitsplatz Schule
Holger Mittelstädt
Für alle Schulstufen, 201 S.,
16 x 23 cm, Paperback
ISBN 978-3-8346-0063-9
Best.-Nr. 60063
18,50 € (D)/19,– € (A)/32,40 CHF

Verlag an der Ruhr

Alexanderstraße 54
45472 Mülheim an der Ruhr

Telefon 05 21 / 97 19 330
Fax 05 21 / 97 19 137

bestellung@cvk.de
www.verlagruhr.de

Es gelten die Preise auf unserer Internetseite.

■ **Basics für VertretungslehrerInnen**
Praxistipps und Stundenideen für die Grundschule
Katarina Raker
Kl. 1–4, 152 S., 16 x 23 cm, Paperback
ISBN 978-3-8346-0309-8
Best.-Nr. 60309
17,80 € (D)/18,30 € (A)/31,20 CHF

■ **Erfolgreich unterrichten – Für Profis, Quereinsteiger und Externe**
Tipps zu den 55 häufigsten Stolperfallen
Kathy Paterson
Für alle Schulstufen, 144 S., 16 x 23 cm, Paperback
ISBN 978-3-8346-0340-1
Best.-Nr. 60340
17,80 € (D)/18,30 € (A)/31,20 CHF